THE
# DIGITAL
# MULTINATIONAL

NAVIGATING
THE NEW NORMAL
IN GLOBAL BUSINESS

# 数字化跨国公司
## 引领全球商业新常态

[美] 萨迪什·南比桑
(Satish Nambisan)
著

陆亚东
尹绍东 译

中国科学技术出版社
·北 京·

The digital multinational : navigating the new normal in global business/Satish Nambisan and Lu Yadong; foreword by Conny Braams.
© 2022 Massachusetts Institute of Technology
All rights reserved.
Simplified Chinese edition copyright:
2023 China Science and Technology Press Co., Ltd
All rights reserved.

北京市版权局著作权合同登记　图字：01-2023-1406。

**图书在版编目（CIP）数据**

　　数字化跨国公司：引领全球商业新常态 /（美）萨迪什·南比桑（Satish Nambisan），陆亚东著；尹绍东译 . — 北京：中国科学技术出版社，2023.7
　　书名原文：The Digital Multinational：Navigating the New Normal in Global Business
　　ISBN 978-7-5236-0238-6

　　Ⅰ . ①数… Ⅱ . ①萨… ②陆… ③尹… Ⅲ . ①数字技术—应用—跨国公司—企业管理—研究 Ⅳ . ① F276.7

中国国家版本馆 CIP 数据核字（2023）第 087363 号

| | | | |
|---|---|---|---|
| **策划编辑** | 何英娇 | **执行编辑** | 王　浩 |
| **责任编辑** | 何英娇 | **版式设计** | 蚂蚁设计 |
| **封面设计** | 马筱琨 | **责任印制** | 李晓霖 |
| **责任校对** | 吕传新 | | |

| | |
|---|---|
| **出　　版** | 中国科学技术出版社 |
| **发　　行** | 中国科学技术出版社有限公司发行部 |
| **地　　址** | 北京市海淀区中关村南大街 16 号 |
| **邮　　编** | 100081 |
| **发行电话** | 010-62173865 |
| **传　　真** | 010-62173081 |
| **网　　址** | http://www.cspbooks.com.cn |

| | |
|---|---|
| **开　　本** | 880mm×1230mm　1/32 |
| **字　　数** | 182 千字 |
| **印　　张** | 8.75 |
| **版　　次** | 2023 年 7 月第 1 版 |
| **印　　次** | 2023 年 7 月第 1 次印刷 |
| **印　　刷** | 北京盛通印刷股份有限公司 |
| **书　　号** | ISBN 978-7-5236-0238-6/F·1149 |
| **定　　价** | 79.00 元 |

**献给**

阿肖克（Ashok）、巴拉特（Bharat）、普丽娅－
萨迪什·南比桑（Priya-Satish Nambisan）

**献给**

罗莎琳（Rosalie）、爱德华（Edward）、杰
蒂－陆亚东（Jady-Lu Yadong）

萨迪什和亚东邀请我为这本富有远见的书撰写序言。其时，我的团队和我刚好将联合利华（Unilever）加快数字化转型战略的文件提交至董事会。时机决定成败，或者如我们荷兰人所说：*toeval bestaat niet*（世上绝无巧合之事）！我被任命为首席数字和营销官已有一年之久；这个新设职位旨在把联合利华转型为适应未来、以目标为导向的数字化组织，使其处于营销的最前沿，服务于我们的多方共同管理模式。在此过程中，消费者始终是第一位的，永远是中心。

很多人问我，在 2019 "新型冠状病毒感染"（以下简称 "新冠"）疫情开始前几周才刚刚上任，是个好时机，还是个坏时机。新冠疫情使得一切变得更加变化无常、不确定、模糊和复杂。答案是个奇怪的矛盾体。尽管 2020 年荆棘丛生、困难不断，它对每一个个体的影响是不同的，但从专业角度来讲，在此期间，变化的节奏和现有趋势的加速、新生事物的出现，让我充满了活力，心无旁骛，方向明确。

本能地，我们将员工的安全放在首位，然后我们仔细考虑了 "未来常态" 下的主要趋势，它们将有可能影响消费者的购买决策和行为。之后我们认真考虑了提升市场价值的策略和活动。有两个趋势值得一提：一是电子商务的繁荣；二是理性的、有意识的消费者的出现。这些趋势并非疫情催生的，更确切地说，是疫情加速了这些趋势的发展，它们早已存在一段时间了。

随着全球越来越多的消费者喜欢网上购物，联合利华的电子商务销售额增速迅猛，与 2021 年同期相比，2022 年联合利华的电子商务销售额增幅达 60% 以上。我充分相信这种消费行为将继续呈增长趋势，带来新的市场机遇——从纯数字游戏到全渠道战略，两者都需要更高水平的产品和品牌创新，更不用说消费者对在线品牌体验的更高期望了。我们已经在见证数据驱动式营销激增，以满足新的、更加个性化的需求。我们也可以清楚地看到，电子商务的兴起要求所有级别的组织具有更大的运营灵活性，例如，可以供应较小的最低订购数量的供应链、更紧凑的运营节奏、更强的物流能力以及价值密度更高的创新。因此，电子商务需要端到端的数字化战略，它不仅包括市场和销售，还包括研发、供应链、统计分析和工厂运营。这只会加强建立一个真正的数字化组织的必要性。

消费者更加理性、更有意识，进一步强化了价值的双重性。在充满不确定性的时代，人们通常选择自己信任的品牌，既是因为品牌的价值，也是因为品牌的价值观。价值是指提供正确的产品价值等式，让人买得起产品，而价值观则指拥有一种观点，促使人们对真正关心的事情采取行动。现在，人们期望品牌成为满足消费者和社会需求的积极合作伙伴；企业也被赋予众望。《2021年爱德曼信任度晴雨表报告》（Edelman Trust Barometer）揭示，企业被认为是更有能力、有道德的机构，而人们对政府和媒体等其他机构的信任度却在下降。因此，企业有责任不负众望，不辜负购买我们产品的消费者对我们的信任。

数字化是我们实现价值和价值观的重要组成部分。数字连通性和数据分析使我们能够对全球和本地消费者认为重要的问题有更深刻的认识。数字化也能使我们调整自己的品牌和运营策略，确保我们提出切实可行的解决方案。

正如萨迪什和亚东在书中明确指出的，近年来，对收入不平等、失业和国家安全等问题的关注，使世界众多国家在贸易和投资方面采取了保护主义措施。对大多数跨国公司来说，在这样一个全球化和去全球化力量并存的国际商业环境中航行，是非常具有挑战性的。紧耦合和松耦合的概念有助于理解跨国公司如何通过数字化进行自我组织，以应对全球化和本土化力量。这就意味着，我们可以调整公司与客户、业务伙伴、生态系统和运营的全球数字连通性，以适应某个地区或市场的独特需求，实现效率、灵活性和敏捷性恰到好处的平衡。有一点是确定的：面对这些两极分化趋势，我们的行为方式要求跨国组织进行重大转变。数字化是解决这一难题的重要组成部分。它是公司能够实现全球快速扩张的动力，同时也能让我们在本地实现更高的灵活性和敏捷性，提升响应能力。

尽管数字化是解决问题的重要组成部分，但不指出我们的员工及其能力在实现这一切过程中的关键作用，那就是我的错了——针对这个主题，作者在本书最后一章进行了详细探讨。同样重要的是出色的领导力和引导转型的方向。在联合利华，基于我们的三个信念——有目标的品牌发展壮大，有目标的人兴旺发达，有目标的公司永存天下，我们采取行动，使可持续生活常态化。这些信念是我们开始转型的指南针，指引着我们为消费者、员工、品牌和企业做出的每一个决定。我赞同两位作者的观点：一个能够为价值创造指明方向、具有包容性预见的高管——在不同地区和市场实践中，一个在如何实现这一预见方面允许更高自由度的高管——有可能会获得更大的成功。

转型之旅是一场激动人心的冒险活动。我相信，萨迪什和亚东勾勒出的概念、工具、框架以及丰富的案例研究，将指引每一位踏上这一旅程的人。

未来见！

康妮·布拉姆斯（Conny Braams）
联合利华首席数字和营销官

# 目　录

# 第一章

## CHAPTER 1

# 数字化时代全球化的变迁

现代全球化的雏形可追溯至公元 1000 年。[1] 彼时，维京探险家离开家园，横渡北大西洋，到达了纽芬兰岛，把卡霍基亚人（Cahokian）和玛雅人早已开辟的泛美贸易路线与欧洲、亚洲和非洲的贸易路线连接了起来。他们开辟的新通道，第一次把全球不同地区紧密联系在一起，促进了商品、人员和信息的流通。

在过去大约 1000 年里，全球化的本质和范围发生了天翻地覆的变化，全球化的主要参与国家及其动机也发生了巨大变化。至关重要的一点，是全球化的推动力量今非昔比了。在全球化早期，殖民者在亚洲、非洲和南美洲建立了很多贸易点，地区供应链也很快建立了起来，这一切得以实现主要是因为海洋技术的发展。第一次工业革命引发了又一波全球化浪潮，新式交通工具（蒸汽船、铁路），新型生产方式（工业时代机器），新贸易路线（苏伊士运河、巴拿马运河）以及新通信技术（跨大西洋海底电缆）极大地促进了全球化的发展。第二次世界大战后，由于世界贸易组织和欧盟等新的组织机构的建立，飞机和集装箱运输等国际交通工具的创新，大规模生产等制造业的革新以及以通信卫星为代表的电信技术革命，多部门结构等管理革命，引发一轮又一轮全球化接踵而至。

可以说，就范围和速度而言，以上所有力量导致的全球化发展是一个渐进的、很大程度上可预测的过程，尤其在 20 世纪。事实上，从 20 世纪 50 年代开始，跨国公司的数量和它们在全球的足迹一直在稳定增长。例如，20 世纪 60 年代，全世界大约有 7000 家跨国公司，但是到了 20 世纪末，这一数字已经增长到 38000 家左右。

然而，在过去一二十年里，全球化历史上史无前例的情况出现了。正如 2019 年一条关于世界经济论坛的报道所讲，全球化的速度如同打了激素。[2] 不仅是跨国公司的数量在呈指数级增长（比如，到 2010 年，跨国公司的数量几乎增至 2000 年时的 3 倍，达到 100000 多家），[3] 如今跨国公司的出口量也贡献了全球出口量的一半，其产值几乎占到世界生产总值的 1/3，并提供了大约 1/4 的就业岗位。[4] 更重要的是，很多公司正在以前所未闻的速度和规模进行全球扩张，而且有些公司正在"天生国际化"。比如，爱彼迎（Airbnb）网站始创于 2008 年，在不到 10 年的时间里，它已经在 190 多个国家和地区开展了业务。优步（Uber）公司创建于 2010 年，它仅花了大约 8 年时间，就在全球 63 个国家发展了业务。OYO 酒店是一家印度连锁酒店品牌，成立于 2013 年，如今已经成为世界最大、发展最快的连锁品牌之一，其业务涵盖了酒店租赁经营和特许经营、住宅委托管理和工作空间租赁等。OYO 酒店在 18 个国家和地区、800 多个城市开了连锁店。而总部位于美国马里兰

州的万豪国际酒店（Marriott International）于 1957 年开始进军
酒店业，花了 70 年才在全球大约 130 个国家和地区开展了业务。
同样，始创于 1981 年的温德姆环球公司（Wyndham Worldwide）
花了 30 年才在全球大约 66 个国家和地区开了连锁店，而希尔
顿全球酒店集团（Hilton Worldwide）创立于 1919 年，它花了更
长时间才把自己的业务扩展到全球 104 个国家和地区。

是什么推动了新一轮全球化的快速上升趋势？答案非常
简单：数字化。

从互联网和移动计算到人工智能、物联网、虚拟现实和
区块链，数字技术的进步已经开辟了新的道路，把世界不同
地区紧密联系在一起。这是新的信息高速路，由此，全球化
的新时代——数字全球化展现在我们眼前。

数字化使得公司能够以新的方式创造价值、传递价值和
分配价值；在很大程度上，这些新的方式不受国界和地理边界
的限制。实际上，通过数据、知识和智力资产的流动以及商
品、服务和资本的流动，数字全球化把全球企业和市场连接在
一起。这一切，都通过数字技术的支持才得以成为可能。与以
往相比，数字技术也使得更多形形色色的人加入跨境交易中；
这些人来自初创企业、小企业或跨国企业，它们共同扩大了全
球化的范围和影响力。

这种超常的全球扩张速度并不仅限于发生在诸如爱彼迎、
OYO、优步、Ola（印度网约车公司）等"数字原生企业"。受
数字化浪潮的影响，经营实体商品和服务的公司也在加快国际

扩张步伐。以小米科技有限责任公司（简称"小米公司"）为例，它是一家总部位于北京的创新型科技企业，智能手机研发是其业务之一。2011 年，该公司才正式发布了小米手机（小米 M1）。2014 年，小米公司便开始进行国际扩张，进军新加坡、俄罗斯、印度和印度尼西亚等成长型市场。此后几年间，小米公司迅速扩大其国际市场份额，进入了 80 多个海外国家和地区的市场，包括西欧和南美洲（墨西哥和巴西）。在印度，小米公司是比较受消费者青睐的智能手机制造商之一，曾占据其近 30% 的手机市场份额。[5]

很显然，其他老牌的产品导向型公司也在快速扩张。例如，作为荷兰皇家飞利浦集团旗下的一个部门，飞利浦医疗保健公司（Philips Healthcare）推出数字健康平台 HealthSuite，加速其国际化进程，尤其专注于新兴经济体的市场开发。[6] 同样，像拜耳（Bayer）、江森自控（Johnson Controls）和约翰迪尔（John Deere）等跨国公司，都在追求其产品和业务的数字化发展，并在国际市场上获得了高于平均水平的增长。

更广义地说，数字化和全球化的融合，形成了全球互联互通的新常态——它以国家、企业和个人之间更深入、更广泛和更复杂的相互联系为标志。数字技术、平台和基础设施是不受地理因素限制的。当公司的产品、服务、流程和商业模式依赖这些科技，或者说深植其中时，它们的可移植性和可扩展性就得以增强，全球扩张的难度也随之降低，其成本更低廉，速度更快。如果部署全球化的力量协调一致，公司就能快速拓展全球业务。例如，爱彼迎的数字化平台（和相应商业模式）在众多国家和地区具有高度可移植性，从而使该公司能"复制"其数字化全球战略和运营模式，甚至把它"粘贴"到世界偏远角落。同时，全球化推动了全球旅游业的蓬勃发展，尤其是在亚洲、非洲和拉丁美洲等新兴经济体，这带动了潜在用户对爱彼迎产品的需求。虽然新冠疫情阻碍了全球旅游业的发展，但世界旅游业理事会（WTTC）预测，从长期来看，新兴经济体的入境旅游人数增长率将会是发达经济体的两倍。OYO 和爱彼迎等公司有着良好的市场定位，会充分利用这一增长。

然而，由于去全球化这一另类叙事的出现，数字全球化的前景日益受到本土化、地缘政治和民族主义的阻碍。

诚然，在大约 1000 年的全球化历史长河中，因为一系列因素，它经历了盛衰起落。战争、全球性大流行病以及国家间贸易争端等无不影响着全球化的进程。例如，第一次世界大战导致银行间合作瓦解，各个国家加强了对贸易、移民和农业的控制，并有效地终结了英国主导的国际经济。20 世纪 30 年代的大萧条进一步加剧了第一次世界大战导致的去全球化，造成了国际贸易和资本流动的严重崩溃。

然而，近年来，对收入不平等、失业、动乱、国家安全和非法移民的关注，使得全球贸易和投资的话题发生了转变，人们从关注经济效益，更多地转向了关注贸易保护主义。这一转向在以下两个方面非常明显。

第一，与 20 世纪 30 年代不同，当时去全球化的决策主要是独裁政权推动的，而如今，这些决策似乎是由全球的民主国家提出的。[7] 例如，包括此前积极倡导自由贸易的美国和英国在内的多个国家，采取了针锋相对的关税升级措施，出台政策限制外国企业并购、移民和国际数据传输。印度也采取了类似的保护主义措施。随着政府的更迭，虽然其中一些政策可能会被取消，但更广泛的贸易保护主义趋势几乎不可能消失，除非其底层逻辑不复存在。例如，正如美国联邦储备系统（简称"美联储"）主席杰罗姆·鲍威尔（Jerome Powell）在 2020 年年底所说，虽然从长远来看，技术的进步将会对社会起到积极作用，但从中短期来看，技术进步带来的弊端可能给社会某些部分造成更多消极影响，加剧收入不平等，使世界范围的贸易保护主义措施显得理所当然。[8]

第二，数字化本身已经成为一些去全球化决策的推动因素，因为在世界很多地方，对数字殖民主义和数字主权的担忧已成为焦点。例如，在欧盟，人们非常担心谷歌（Google）、亚马逊（Amazon）等非欧盟企业可能会逐渐主导欧盟经济的方方面面，使欧盟成员国丧失数据保护和税收等领域的主权。同样，对非欧盟企业的数字基础设施的日渐依赖，也引发了对网络安全和国家安全的深切担忧。[9] 如果数据真的是新时代的石油，那么毫无疑问，有效的全球监管的持续缺位会引发更多此类担忧，全球保护主义措施也将接踵而来。

这种越演越烈的保护主义与消极的地缘政治叙事，在一些全球化的指标上得到了体现：全球贸易、资本流动、外商直接投资（FDI）增长放缓。2018 年，敦豪集团（DHL）发布的《DHL 全球连通性指数报告》指出，如果世界真的变"扁平"，不再有贸易限制障碍，那么全球贸易、资本、信息和人员流动将比现今增加 67%，这为区域和本土化的地缘政治新现实所带来的冲击，提供了切实的、基于数据的支持。[10] 这种本土化和民族主义在世界许多地方已经落地生根，其中包括亚洲部分地区、欧洲、非洲和南美洲。当跨国公司考虑下一步的国际业务扩张措施时，这将给它们带来新的复杂挑战。

重要的是，新冠疫情对数字全球化和去全球化两种叙事均造成了严重冲击。一方面，新冠疫情导致的一个关键结果，是在世界范围内，数字技术的采用产生了变革性增长。例如，据估计，在新冠疫情中的近 8 周时间里，消费者和企业的数字技术采用向前突进了 5 年。[11] 从"无人值守工厂"（全自动化、非手工操作）、远程销售到远程办公（居家办公），包括远程医疗和网络教育，数字技术已经渗透到各行各业的价值创造、价值传递和价值消费中。在世界各地，在各个阶层，这一点都是显而易见的。以下数据足以说明情况。美国整整花了 10 年（2009—2019），才将电子商务渗透率（按零售销售的百分比计算）从 5.6% 增长到 16%，增幅超过 10 个百分点。然而，下一个 10 个百分点的增长只用了不到 8 周：2020 年 4 月底，这一数字上升到 27%。[12] 同样，在印度，新冠疫情期间（2020 年 4—5 月），小农户使用数字应用软件和智能手机的次数激增，这一使用量的增长原本预计要 2~3 年才能实现，却在一个月左右就实现了。[13] 事实上，全球经济的数字化速度如此迅猛，其深远影响可能迫使未来的商业历史学家从两个不同的时代来研究全球化：前疫情时代和后疫情时代。[14]

另一方面，新冠疫情加速了全球民族主义和保护主义倾向的抬头。阻碍商品、人员跨境流动的新壁垒已经形成，去全球化现象进一步加剧。包括印度、日本和欧盟在内的世界多个国家和地区，要求"经济自力更生"和"战略自主"的呼声越来越高。例如，日本针对新冠疫情提出经济刺激方案，包括为将工厂撤离回国的企业发放补贴。《2020 年世界投资报告》指出，70 多个国家已经采取措施保护本国企业不被外资收购；根据"转向对战略性产业的外国投资采取更加严格的准入限制政策"[15]，新冠疫情可能会对全球化产生持久影响。所有这一切引发了关于疫情对国际商业影响的重要关切，甚至出现了令人不安的杂志文章标题，如"新冠疫情是否扼杀了全球化"。[16]

因此，虽然数字化总体上促进了企业（和国家）之间更大程度的相互联系，扩大了全球化的范围，但本土化、地缘政治和民族主义严重阻碍了这种互联互通，限制了全球化的进程。正是这种截然不同的情景——数字全球化所带来的无拘无束的全球经济和以本土化、民族主义为标志的壁垒森严的全球经济——构成了国际商业的新常态，这给跨国公司带来众多复杂挑战。

事实上，正如优步和其他跨国公司所意识到的，它们再也无法通过简单地"复制－粘贴"模式将它们的数字全球化商业战略扩展到世界不同地区来移植它们的业务。仔细研究优步公司在一些亚洲市场的经历可知，虽然它的数字平台（和相应的基础设施）使企业享有网络效应，能够快速进入新的国外市场，但公司未能充分理解和调整它的战略，以适应当前的地缘政治现实，包括监管障碍、相互冲突的劳动法和制度实践以及有利于像 Ola 这样的本土竞争者的政策条件。

在这种情况下，优步公司或者任何一家跨国公司都需要调整它们的数字化全球商业战略来适应特定国外市场的现实状况。那么，这些跨国公司应如何重新构想它们的数字化全球商业战略？从更广义的角度来说，公司应如何规划和部署其数字化全球商业战略，来呈现数字化可能带来的前景，同时仍（承认并）适应它们即将实施战略的地区和国家的特殊性和地缘政治现状？

正是这个问题，促使我们写下这本书。

在本章剩余部分，我们梳理了全球商业在 20 世纪和 21 世纪的主要不同之处，然后探讨跨国公司构建数字化时代全球商业连通能力的必要性，并以此作为它们全球扩张计划的支点。

## 全球商业在 20 世纪和 21 世纪的不同之处 🌐

梳理全球商业在 21 世纪和 20 世纪的差异，有助于强调数字全球化和本土化所带来的变化参数，凸显公司在寻求全球扩张时随之而来的挑战和机遇。

### ● 无形的信息流和数字基础设施的主导地位

实体产品和金融性资本的流动是 20 世纪全球经济的标志之一，但如今这些流动已经放缓或下降。21 世纪的全球商业日益表现为数据、信息和知识的流动。事实上，在 2005—2019 年，随着贸易、信息、视频和公司内部流量等数字流持续攀升，跨境数据流已经增长了 50 倍以上，远远超过贸易和金融的全球流动。[17] 数字连通性改变了跨国公司经营的经济状况，降低了其国际间互动和交易的成本。

数字基础设施的重要性与日俱增也体现了这一点。虽然运输、房地产、通信和公共工程等实体基础设施条件是 20 世纪企业选择是否进入某一国外市场的关键决定因素，但在 21 世纪，对跨国公司来说，即使数字基础设施不是更加重要，也已变得同等重要。例如，基于云计算的基础设施的易访问性和可用性，对跨国公司在国外市场快速扩大其业务规模以及在全世界范围内持续提供以体验为主的新服务的能力，有着至关重要的影响。

## ● 微型跨国公司数量的显著增长

曾经，全球化主要由大型跨国企业、主要金融机构及强大的政府所推动。如今，大量初创企业和小企业在全球化中发挥着积极作用，特别是通过参与覆盖全球的数字电子商务平台。例如，许多全球的小企业正逐渐成为微型跨国公司，它们利用易贝（eBay）、亚马逊和阿里巴巴（Alibaba）等数字平台，与其他国家或地区的客户和供应商联系。现在，亚马逊平台拥有大约 200 万个第三方卖家[①]，它们大多是出口商。实际上，小型公司占了印度出口商总数的 48%，这表明，来自新兴经济体的这些小公司在国际商务中发挥着巨大的作用。许多数字初创企业是"天生国际化"企业，它们利用数字平台"即插即用"的基础设施，将自己置身于海量的全球客户面前。例如，深圳市大疆创新科技有限公司（简称"大疆"）是一家中国的"天生国际化"企业。自 2006 年在深圳成立以来，该公司瞄准国际市场，通过数字平台，直接接触全球供应商和客户。如今，大疆是全球最大的消费级无人机制造商，占据 70% 以上的全球市场份额。[②]

## ● 消费者力量在塑造全球商业中的巨大转变

得益于社交媒体和其他数字平台，个人和消费者群体正

---

① 截至 2021 年 3 月，这一数字是 600 多万。——编者注

② 截至 2023 年 3 月，这一数字是 80% 以上。——编者注

在形成自己的跨境联系，并在更大程度上塑造着全球商业。到
2020 年，全球有近 40 亿社交媒体用户，其中参与跨境电商
（约 20%）的比例在不断增长。[18] 社交媒体让世界各地的消费
者都可以看到可购买的东西，产品信息以前所未有的规模疯
传。数字平台还为个人提供了向同龄消费者学习、建立合作关
系和施加影响力的新途径。例如，抖音（TikTok）等数字平台
催生了新一代带货网红，他们可以扩大抖音的全球影响力，将
品牌推广到世界各地，其影响力往往比抖音内部的营销部门所
推动的影响力更大。重要的是，通过在线反馈，全球消费者也
直接影响着抖音的决策和运营。

### ● 新兴经济体的参与、贡献及其影响力的增加

在数字化之前的世界，发展中国家，尤其是新兴经济体，
在全球商业中处于弱势地位，但如今，它们是全球经济的动力
源泉。新兴经济体在全球贸易流量中的比重达一半以上，南南
贸易① 成为增长最快的贸易形式。这些新兴市场几乎同时经历
着产业革命、城市化以及制度变革，促使世界经济的中心不断
向主要新兴经济体转移。例如，在 2010—2025 年，预计近一
半的全球生产总值增长将来自新兴市场中的 440 个城市，其中
95% 是中小城市。[19] 这促使很多跨国公司将传统的自上而下方

---

① 南南贸易指发展中国家之间的贸易。因世界上的发展中国家绝大部
  分都处于南半球和北半球的南部而得名。——编者注

法（将新兴市场仅视为其全球化方案的实施者）更多地转变为自下而上的方法（围绕新兴市场构建全球化方案）。因此，跨国公司越来越倾向于选择新兴市场中充满活力的大城市作为其地区甚至全球总部，选择新兴市场中成功的商业模式进行全球推广，并指定新兴市场子公司作为其全球创新引领者或者其全球业务的战略领导者——这一切都表明了新兴经济体在国际商业中的重要性。

## ● 全球商业生态系统日益盛行

在为全球客户生产和交付产品、提供技术和服务的过程中，全球商业生态系统日益成为跨国公司与世界各地其他公司互动、合作和共享一系列依赖关系的主要工具。除了供应商、分销商、制造商、技术提供商和系统集成商，这样的商业生态系统还包括客户，金融提供商（如风险投资人、投资公司、投资银行、天使投资人），大学和研究机构，监管部门，行业标准制定机构等。数字连通性是推动全球商业生态系统增长的一个核心力量。在过去 20 年里，随着产品、流程、技术和服务之间的相互联系日益加深，商业基础设施的数字化程度越来越高。这反过来又会促使全球生态系统更加开放，使跨行业、跨部门、跨国家的公司间关系具有了灵活性和可扩展性。

这些数字化的商业生态系统还利用全球市场的开放性来获取中介资源或服务（如专业工业设计服务、物流整体解决方案以及推广服务）。数字技术的快速融合、模块化程度的提高和中介服务在各国的标准化，促使公司采用更加灵活和开放的全球商业模式。正如《纽约时报》专栏作家托马斯·弗里德曼（Thomas Friedman）指出的，"数字化和全球化的加速正在稳步地使越来越多的工作模块化"，使公司成为"综合和协调这些模块化包，以制造产品和提供服务"的平台。[20] 由于迫切需要对市场做出快速反应，满足复杂的全球需求，以及获得互补性合作的协同收益，同行业甚至不同行业的公司之间，交叉共享包括分销渠道和供应基地等关键的模块化资源，变得前所未有的普遍。

● 发达经济体和新兴经济体之间知识和创新的相互流动

在 20 世纪，创新和知识大多是从发达国家传到发展中国家的。但在 21 世纪，这些流动（包括技术、产品创意甚至商业模式）是双向的。例如，一种有数百年历史之久，以蜂蜜为原料，用于治疗咳嗽和感冒的顺势疗法制剂成为宝洁（P&G）维克斯（VICKS）蜂蜜止咳糖浆的来源。这种产品最初是针对墨西哥和巴西的低收入消费者研发的，随后销售至欧洲和美国。许多跨国公司采取了这种"逆向创新"的方法——先在发展中经济体（新兴经济体）开发和采用一种新方法，然后推销到世界其他地方，包括发达国家。[21] 这也促使跨国公司采取将本地人才转化为全球人才的措施，作为其全球知识和创新战略一个必不可少的组成部分。例如，通用电气（GE）最大的多学科综合研发中心约翰·韦尔奇技术中心（John F. Welch

Technology Centre）位于印度班加罗尔，并在这里雇用了 5000
多名工程师和科学家。同样，作为公司的全球中心，高盛
（Goldman Sachs）班加罗尔办事处拥有 3000 多名工程师，这
里已成为该公司的一个关键创新中心，并在其新的数字消费者
银行平台——马库斯（Marcus）的开发中起到了至关重要的作
用。这些子公司正越来越多地扮演着全球创新者的角色，它们
不仅为当地，而且为整个全球市场提供知识源泉。正如高盛的
消费者业务主管哈里特·塔尔瓦（Harit Talwar）所说，"当跨
国公司求贤如渴时，它们就必须亲临其所在之地"——现在，
新兴经济体正日益成为人才高地。[22]

## ● 多边治理削弱，地缘政治动荡升级

在 20 世纪，全球化，尤其是贸易全球化，主要由强有力
的多边条约来规范，或者由制定和修订贸易政策与规则的组织
来管理。这些规则旨在促进国际贸易中的非歧视原则、透明度
和可预测性。比如，世贸组织（WTO）通过负责贸易协定实
施、为贸易谈判提供场所、解决贸易争端、审议成员国贸易政
策、在贸易政策问题上协助发展中国家以及与其他国际组织合
作，来实现这些目标。但在 21 世纪，世贸组织的作用受到削
弱。近年来，它在许多方面都未能取得足够或显著的进展。作
为谈判论坛，世贸组织的失败限制了其利用规则来解决现代贸
易问题的范围，给争端解决机制带来了压力。

随着多边治理（组织和条约）的削弱，全球地缘政治在

21世纪变得非常复杂、动荡和脆弱。全球化总有赢家和输家，即使在公元1000年的全球化之初，也是如此。[23] 但如今，全球化的阴暗面变得更加沉重，部分原因在于世界经济和地缘政治秩序下的管理制度失效。随着民族主义和保护主义在许多国家日渐盛行，跨国公司，无论其来自何处、规模是大是小、从事何种行业，与以往相比，如今都面临着更大的不确定性和不可预测性。例如，对数据主权的关切使许多国家想要在国家管辖范围内控制互联网（网络－国家一体），这就使跨国公司有可能受制于反复无常的政治决策。[24]

## 数字化和本土化给全球企业带来的收益和风险

到目前为止，对全球企业来说，无论是初创的还是老牌的，它们所提到的近年来在全球商业环境中出现的所有变化，都已转化为一系列的新机遇和挑战。在我们考虑企业应如何调整其数字化全球商业战略，成功地应对全球化和本土化力量之前，先考虑一下这样做会带来什么收益和风险是非常有帮助的。从数字化力量中，我们可以确定三大利益或收益。

### 一、全球客户效应

在世界范围内，数字化大规模地扩大了客户群、消费者和终端用户的数量。重要的是，数字化能让跨国企业（甚至小企业）以高性价比的方式轻松使用它。阿里巴巴、亚马逊、拼多多、易贝、Flipkart（印度最大电子商务零售商）和乐天株式会社（Rakuten）等数字平台和电子商务平台提供了一个庞大而固定的潜在客户基础，同时也提供了直接向这些客户营销和推出新产品的有效途径。由于新冠疫情，全球零售电子商务流量大幅上升，这些数字化市场的重要性骤然凸显。[25] 此外，社交媒体和其他此类数字平台使中小型跨国公司能够以亲密、经济的方式与这些全球客户接触。例如，在时尚行业，博主、短视频达人（vlogger）、照片墙（Instagram）用户和推特（Twitter）用户通过高光渲染名人着装，随后向全球市场推出一系列相应的产品，这一趋势正在加速。

## 二、交易成本效应

数字化大大降低了跨国公司的跨境交易成本。通过降低交易成本，数字产品、服务和资本能够立即易手交接。数字化正在创造一个超联结、超高速的全球化流动时代。比如，由于实现了数字连接，出口不仅比以往更容易，而且成本更加低廉，速度也更快。这种连通性还在不同国家培育了大量出口或物流服务供应商，它们实时为小企业提供包括国际物流和其他出口服务在内的全面服务（或解决方案），获得超高投资回报率。

## 三、开放式创新效应

数字化增强了跨国公司的创新性和创造力，因为它使得跨国公司能够与人才取得联系。跨国公司在不同的国家找寻新的创意，并将这些创意开发成新的产品、服务和商业模式，然后在国外市场进行无缝部署。跨国公司建立的全球开放生态系统可以涵盖各种参与者，包括外国供应商、工业设计师、服务提供商、全球分销商、外国制造商、外国大学、不同地区的研发中心、国家和地区总部以及其他重要的全球客户。

### 四、管理效率效应

数字化增强了跨国公司在计划、组织和监控全球分散的活动和业务方面的能力和有效性。一系列企业级数字平台和解决方案——从云计算、5G 和 3D 打印到区块链、物联网和人工智能——使跨国公司能够在全球范围内实现业务多元化和规模化，同时保持其在世界偏远地区业务的可见性。重要的是，这样的数字化还有助于消除由于组织边界造成的障碍，使整个价值网络的运营可见性得以实现。在不久的将来，随着越来越多的公司将监视器、传感器和跟踪设备嵌入其实物资产中，数字连通性可能会呈现出更深层次的意义，从而使公司能够找到更高效的方法来组织和管理全球资源和运营。

在认识数字化快速发展带来的这些机遇的同时，我们不能低估区域化（本土化）程度不断提高所带来的以下三类风险和挑战。

### 一、复杂性风险

随着更多的地方、合作伙伴和其他实体加入跨国公司的投资组合中，其各自的作用、能力、目标和优先事项大相径庭，全球化和本土化力量增加了业务的总体复杂性。尽管数字技术提供了连通性，但是，在不同国家、文化、经济和制度的背景下，管理大型的企业内部和企业间网络是一项艰巨的任务。如果没有出色的协调能力，公司可能会存在价值创造效率低下和价值分配不公的风险。

## 二、传染性风险

随着跨国公司向国外市场扩张，它们在不同程度上依赖于国外伙伴，因此会受到全球化和本土化力量（包括社会动乱、政治动荡和自然灾害）所带来的传染性风险。例如，新冠疫情造成的供应链中断影响了整个商业生态系统，使大大小小的公司几乎都停止了运营。在一个联系日益紧密的世界，这种外部冲击的影响被放大了，其连锁反应在数字化世界中传播得更快。这种传染性风险还可能包括与跨国公司及其全球合作伙伴有关的数据隐私、网络安全、知识产权和声誉风险。例如，跨国公司在某个国家的合作伙伴公司的网络安全漏洞所引发的连锁反应，很容易传播到其母公司网络中，影响到该公司在其他国家的合作伙伴。

## 三、竞争性风险

虽然数字全球化使跨国公司能够以更快速度、更低成本扩展其全球商业足迹，但本土化促进了大量新型全球竞争对手的出现和发展，即利用当地和区域有利条件（或保护主义）的当地公司。尽管它们规模很小或刚成立不久，但这些新的全球参与者发展速度快且反应敏捷。它们通常采用新型的、以数字连通性为支撑的商业模式，以便在不同的区域背景下迅速提出新的、"量身定做"的客户价值主张（我们可以看一看印度打车公司 Ola 向新加坡等其他亚洲市场的扩张状况，该公司于

2020年进入英国、澳大利亚和新西兰市场）。因此，使企业能够进入国外市场的数字基础设施也导致了特定区域和国家市场（如印度、巴西）的激烈竞争，增加了外国跨国公司的相关风险。

这些益处和风险意味着跨国公司需要获得或发展一系列相应的能力，以驾驭日益活跃和复杂的数字化全球商业环境。在本书其余部分，我们旨在呈现一套理念和做法，使跨国公司能够应对这些挑战，并在国际业务拓展和增长方面取得更大成就。

## 数字化时代的全球商业战略 🌐

至此，我们的讨论表明，跨国公司需要在全球化和去全球化（本土化）的力量日益突出的全球商业环境中扬帆前行。从前文的例子中也可以明显看出，在如此充满挑战的环境中寻求全球扩张，数字技术将会成为跨国公司全球商业战略的一个关键因素。我们所说的数字化全球商业战略，是指由基于数字技术的独特能力所支持或建立的全球商业战略。这种数字化全球商业战略可以包括发现和寻找新的国外市场机遇、与国外客户接触、与国外合作伙伴合作以部署或扩大公司特有的优势或资产、创新产品和商业模式以及（或）协调设在国外多个国家的不同内部单位之间的业务。

在本书中，我们的主要论点是，跨国公司可以设计、部署相应的数字化全球商业战略，来驾驭全球化和本土化兼有的商业形势。具体地说，我们解释了数字技术在全球商业环境中的矛盾作用：虽然在全球化背景下，数字技术能够通过增强公司商业模式和内部资产的可移植性和可扩展性，成为业务快速扩张的动力，但在面对本土化环境的特殊性时，数字技术同样也可以帮助公司变得更加灵活，做出更快速的反应。为了描述这种矛盾作用背后的数字化全球商业战略，我们引入了数字化全球商业连通性的概念。

我们将数字化全球商业连通性定义为跨国公司业务在四个关键维度上的连通性；这四个维度由数字技术支持或建立在数字技术之上：与全球客户和市场连通、与全球合作伙伴和生态系统连通、与全球资源和知识连通以及与分布在世界各地的运营和活动连通。这四个维度代表了跨国公司全球价值创造的整体理念——为谁（客户和市场）、在哪里（合作伙伴/生态系统和运营/活动）以及如何做（资源和知识）。因此，数字化全球商业连通性形成了一种关键的商业能力，这种能力源自跨国公司数字化的信息、影响力和行动渠道，涉及其广泛的客户和市场、合作伙伴和生态系统、资源和知识以及运营和活动。[26]

我们对跨国公司进行的一项调查证明了数字化全球商业连通性的重要性（见图 1-1）。[27] 几乎 84% 的受访者认为数字化全球商业连通性对公司很重要或非常重要。与此同时，只有少数受访者（约 23%）认为，他们的公司已做好充分准备或配置了设备，以实现数字化全球商业连通性。两组评级的差异表明，在理解实现数字化全球商业连通性所需的战略和实践方面存在差距；这反过来激发了我们创作此书的灵感。

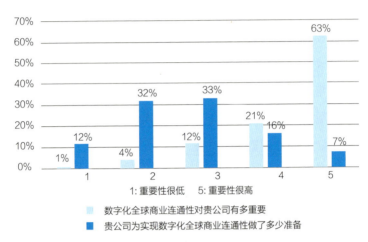

图 1-1　数字化全球商业连通性的重要性

重要的是，数字化全球商业连通性意味着反应性和特应性之间的平衡；反应性确保了不同子公司、合作伙伴或跨国公司的部门能够一起运营或相互响应，而特应性确保了单个子公司和合作伙伴适应并反映当地环境的特殊情况。从我们在第二章更详细的讨论可知，没有特应性的反应性就是紧耦合，而反应性和特应性共同构成了松耦合。[28] 因此，数字化全球商业连通性反映在公司所做的治理选择中，取决于公司与四个关键维度中每一个维度的关系的紧密程度或松散程度。

例如，在全球化程度较高的商业环境中，数字技术可以通过强调快速和更高效地部署公司特定优势和资产，从而使公司的商业关系（互动）和运营更加紧密。穆格公司（Moog）是一家市值 29 亿美元的飞机零部件制造商，它提出将区块链和 3D 打印技术结合起来。这使得穆格公司能够提升在世界任何地方更换有缺陷的飞机部件的速度，从原来的几周缩短到几小时。该公司利用其区块链系统 VeriPart，使得其全球客户（航空公司）能够通过系统订购飞机部件，从其合作伙伴公司获得设计文件，确认它们的订单，并创建像美国联邦航空管理局等不同的国家监管机构所需的书面记录。然后，该公司将每一个订单传送到其全球工厂之一，在那里使用该公司的 3D 打印机打印替换零部件。一次演示展现了这种反应性，穆格公司的客户新西兰航空公司的一架飞机在从奥克兰飞往洛杉矶的途中订购了一个零部件（一块波音 777-300 飞机的座椅屏幕）。穆格公司从其合作伙伴新加坡科技工程有限公司（Singapore Technologies Engineering）那里获得了设计文件，并将其传送到洛杉矶的工厂，在那里打印，然后在飞机降落时交付给了航空公司。

这种基于数字技术的全球反应性在本土化的商业环境中或许还不够。在这样的环境中，展现特应性的能力可能会同等重要，或者说更重要。在本土化和民族主义势力盛行的地方，数字技术能够使公司的关系和互动更松散，从而使公司的资产、产品、商业模式、政策和运营更灵活，以适应特殊的区域（地方）条件。举个简单的例子，印度网约车公司 Ola 早期获得成功的一个因素，是它能够与不同地理位置的各种各样的支付系统建立联系〔从现金、信用卡、借记卡到私人数字钱包服务提供商，如印度的吉乐钱包（JioMoney）和澳大利亚、新西兰的苹果钱包（Apple Pay）］，从而使其商业模式更加灵活，以满足当地客户的需求。

正如我们在本书中所描述的，跨国公司需要采用一套数字化全球商业战略组合，在其商业的某些方面采用紧密的数字化全球商业连通性，而在其他方面则采用松散的数字化全球商业连通性。对跨国公司的高管来说，他们面临的挑战是根据公司在全球运营的特定国外市场和业务，为他们的公司部署恰当的数字化全球商业战略组合。很显然，这需要管理人员分析不同地区市场的现状，评估其数字化全球商业连通性的紧密性和松散性需求，然后制定一套连贯的战略。

在本书中，我们旨在通过确定影响数字化全球商业连通性的松紧需求的参数（第二章），引导读者了解这个决策过程，描述这些需求如何产生与数字化全球商业连通性的四个维度相关的不同数字化全球商业战略（第三章至六章），然后解释如何将这些不同的战略整合成一个连贯的投资组合，同时考虑相关风险和必要的能力（第七章至第十章）。图 1–2 描绘了本书内容的大体框架。

现在，我们简要描述一下其余章节的内容安排。在第二章，我们详细描述了紧耦合和松耦合的概念，讲述了这样的框架是如何帮助跨国公司更深入地了解在新兴的全球商业环境中所需的数字化全球商业连通性的。如前所述，数字化和本土化力量决定了数字化全球商业连通性格局的形成。基于这两种力量的强度——即数字化力量和区域（本土化）力量——我们描

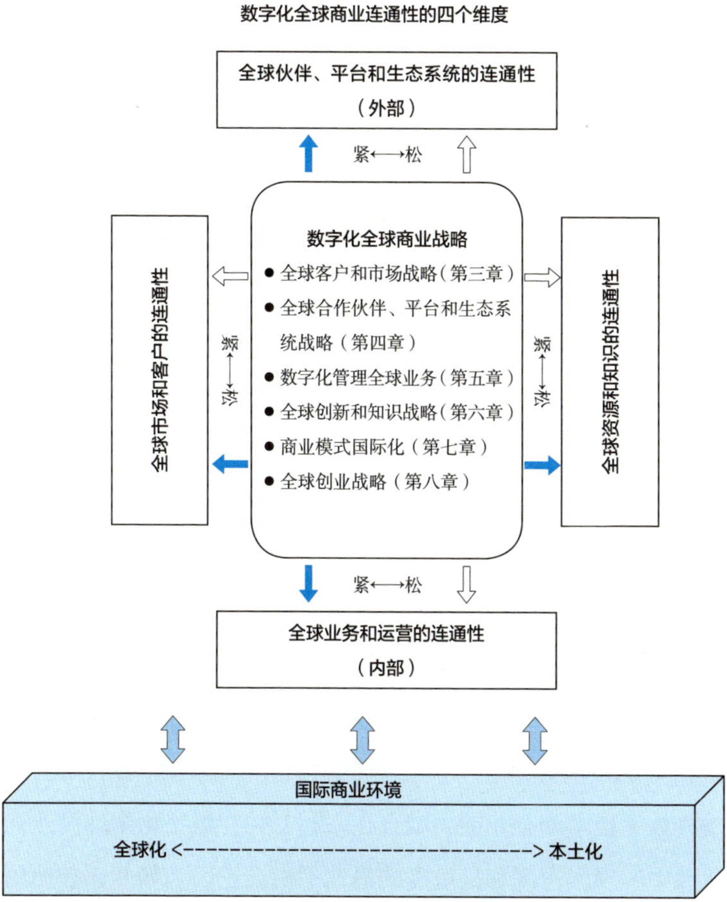

数字化全球商业连通性的四个维度

图 1-2　数字化时代的全球商业战略

绘了全球商业环境谱系。然后，我们用这种谱系来描述数字化
全球商业连通性的紧密度和松散度如何在不同环境中变化。

此后（在第三章至第六章），我们将从四个维度中的每个
维度考虑能够帮助跨国公司实现数字化全球商业连通性的一套

数字化全球商业战略。第三章侧重于全球客户和市场维度，并涉及了与进入新的国外市场和与全球客户互动相关的数字化战略。在第四章，我们讨论了建立和协调数字平台和生态系统、创造与全球伙伴的合作和价值共创新机遇的战略。第五章是关于组织和管理全球松散活动的数字化战略，包括管理国外子公司。在第六章，我们讨论新的数字化方法，以获取知识和其他资源，并在全球范围内追求创新。

在第七章和第八章，我们讨论了第三章至第六章的一系列战略在两个重要背景下的结合。具体来说，第七章是关于国际化和如何创建新的数字化商业模式的战略，以适应不同的国外市场。在第八章，我们探讨了不同类型的数字化全球创业战略——从微型跨国公司和原生数字化全球公司到老牌跨国公司的国外子公司。

在所有的章节中，我们的目标不仅是描述一套战略，而是在考虑当前全球化-本土化的背景下，展示公司如何合理地将数字技术和企业能力结合在一起，并在数字化全球商业连通性中实现紧密度和松散度的最佳平衡。正因为如此，在使用来自世界各地的跨国公司的例子说明这些战略的同时，我们也从政府法规、数字基础设施以及消费者文化等方面，来阐明国际商业环境，以强调其相关性。

在这里，我们有必要停下来，再次声明一点。数字化全球商业连通性不是技术连通能力，它是一种商业能力。

当然，它依赖于许许多多强大的数字技术、平台和基础设施——从社交媒体、移动和可穿戴设备、区块链、虚拟现实和增强现实、云计算到人工智能、机器人、物联网、数字传感器和3D打印。但只有数字技术本身是不够的，我们还需要有将这些技术与其他公司层面的互补能力和资产结合起来的数字化全球商业战略，以实现跨国公司的数字化全球商业连通性。在本书中，我们的重点是数字化全球商业战略。

在第九章和第十章，我们的目标是将这些理念汇集在一起，提供一个简明的模板和工具包，以便于管理者使用数字化全球商业连通性的概念进行评估和决策。为此，在第九章，我们详述了数字化全球商业连通性带来的诸多风险。我们指明了这些风险的性质和来源（包括数字化和非数字化），提供了一个评估风险的尺度，并讨论了跨国公司能够采用的管理这些风险的战略和实践。在第十章，通过描述成功执行与数字化全球商业连通性相关的战略所需的一些关键数字能力——从数字智力到数字化复原力。实际上，在第十章，我们回答了这样一个问题：既然知道数字化全球商业连通性能够带来的潜在机遇和战略，那么究竟应该如何在公司里将这些理念付诸实践？

## 读者要点

我们主要为两类读者写这本书。

第一类读者是首席执行官或高级商业主管，他们的主要职责是推动商业部门或大型商业公司的国际化扩张。我们为其提供了关于公司如何通过数字化全球商业连通性实现国际化扩张的广泛理解，以及在公司建立这种连通性的路线图。值得注意的是，我们将我们的理念置于全球商业后疫情时代的新常态中，这种新常态以数字化和本土化的推力与拉力为特点。正因为如此，书中提供的理念并非一些异想天开的概念；相反，我们提供了一套切合实际的数字化全球商业战略和实践，明确阐述了相关的回报和风险，以便这类读者能够对其公司未来的数字化全球扩张计划做出明智的决策。

第二类读者是：①负责领导、设计公司的全球商业发展计划的大中型公司经理；②试图将一个初创公司国际化并扩大其规模的中小型公司的企业家。我们详细阐述了在这些公司的独特背景下，人们需要考量的数字化全球商业战略的各个方面：需要投资的数字技术和组织能力、需要管理的风险以及能够预期的结果。更广泛地说，我们提供了一份详细的路线图，以便这类读者有条不紊地推进公司的全球计划。

请允许我们澄清一件重要的事情。我们特意为这本书取名《数字化跨国公司：引领全球商业新常态》。我们所说的"数字化跨国公司"，并不仅指这个世界上的爱彼迎和优步——也就是那些数字原生代跨国公司。相反，随着数字化渗透到跨国公司全球运营和产品的方方面面，所有的跨国公司都在发展为数字化跨国公司。正如康妮·布拉姆斯在序言中所言，联合利华现在的目标是成为"一个适应未来、以目标为导向的数字化组织"。事实上，联合利华并非个例。我们在本书中讲

述的所有跨国公司的故事,从博柏利(Burberry)、露露乐蒙
(Lululemon)等消费品跨国公司,到拜耳、江森自控、埃迪亚
贝拉集团(Aditya Birla Group)<sup>①</sup>等工业品跨国公司,都在以某
种形式演变为数字化跨国公司。因此,本书的见解适用于所有
类型的跨国公司——无论是数字原生代,还是非原生代。

那么,本书与哪些产业或市场特别相关呢?数字化全球
商业连通性的概念和相关商业战略能够很好地应用于近年来数
字化步伐加快的众多行业,包括消费品行业(如食品、个人产
品、时尚、消费级电子产品、家用电器)和服务行业(如娱
乐、银行)。它也与其他产业或领域相关,如汽车、零售、医
疗和农业;在这些行业中,数字化已经彻底革新了商业模式和
产品。重要的是,正如我们众多的例子所表明,无论是将业务
扩展到发达经济体还是新兴经济体,这些理念都切实可行。此
外,数字化全球商业连通性背后的基本概念也可以应用于非营
利组织,因为各行各业的非营利组织都在试图扩大其边界,以
寻求新的客户、合作伙伴和资源。

现在,和我们一起开启这一旅程,共同探索数字化全球
商业连通性的新概念吧。

---

① 印度超大型商业集团。——译者注

# 第二章

CHAPTER 2

# 数字化全球商业连通性

在第一章，我们提到，在不同的国际市场，甚至在同一产业内部，数字化和本土化力量都可能会有所不同。全球汽车产业就是最好例证。2018 年，印度尼西亚（和东南亚其他一些国家）采取一系列保护主义措施限制汽车进口，以推动本地汽车生产，包括对外国汽车公司实行额外的许可证要求，对本地制造商进行税收优惠。[1] 虽然该国后来开始实施一项雄心勃勃的数字计划，但印度尼西亚的汽车产业在数字化能力方面依然落后于其他大多数国家。其邻国马来西亚，有着更悠久的汽车制造历史，数字化程度更高，但也容易受类似的本土化力量的影响。相比之下，欧盟的情况却截然不同——其特点是数字化水平更高，本土化水平更低。虽然英国的汽车产业高度数字化，但其本土化力量也很强大。

了解国际市场上这些变化的性质和结构，是跨国公司取得成功的必要条件之一。为此，在本章，基于数字化和区域（本土化）力量的强度，我们建立了全球商业环境谱系，然后我们确定了建成数字化全球商业连通性的两种环境：数字全球化和数字本土化。

## 数字化力量的强度

在大多数产业和行业里，数字化力量正蓬勃发展。比如，从智能家电到智能跑鞋和服装，数字元件在我们日常使用的各种产品中随处可见。我们的汽车早已成为轮子上的智能设备。这些数字嵌入式产品日益成为通过数字平台运营的更广泛的产品生态系统的一部分〔如谷歌的 Nest Weave 协议、福特的 SYNC 系统、江森自控的 OpenBlue 数字化平台、赫曼米勒（Herman Miller）的 Live 智能家居传感器套件以及约翰迪尔公司的 MyJohnDeere 拖拉机系统〕。数字技术也在改变公司的内部运作及全球制造和供应链流程。包括高级机器人技术、3D 打印、人工智能、物联网、区块链、增强现实技术和虚拟现实技术在内的整个数字技术的应用统称为第四次工业革命；这些数字技术已经重新塑造了从生产计划和制造到物流和分销的整个全球价值链。到 2025 年，物联网设备的数量预计将超过410 亿，生成 79.4 泽字节（ZB）的数据，这呈现出此类传感器和相关数据推动全球贸易的体量。[2] 同样，5G、人工智能和物联网的融合被称为智能连接，有望为包括零售、健康和娱乐在内的众多产业的用户提供个性化体验。

数字技术具有几个重要的特征，它们使得这一商业转型显得非常独特。在全球商业环境中，有两个特征尤为值得一提。

第一，数字技术不受国家（或地区）限制，因为只需要付出有限的额外努力，就可以跨境获得（和使用）它们；也就是说，它们呈现出散布式特征。[3] 这使得跨国公司能够轻松地在全球销售其数字化产品和服务；使用它们不再局限于或受限于地理和制度边界。相反，它们仅需要接入适合的数字基础设施即可。

第二，数字技术和元件本质上具有生成性，因为它们很容易被修改，也很容易与其他技术结合——甚至可以由最初创造它们的实体以外的实体来修改、结合——以提供更新的服务和能力。这样的技术生成性源于它们的开放性和可重组性，它使得产品、服务（或商业模式）能够快速调整价值主张，以适应本土化的需求。[4] 例如，多年来，在世界范围内，数字化企业通过修改谷歌地图平台，或将其与其他数字资产结合，开发了无数针对全球不同市场需求的新服务——从提供声控导航，到定制本国语言（语音）导航。

同时，技术生成性带来的结果并非总是线性的。换句话说，它使得产品、服务和商业模式的发展轨迹在一定程度上难以预测。例如，在针对消费者（如谷歌、安卓）和针对产业（如 ThingWorx 工业物联网）的数字平台上，通常无法预测第三方应用程序开发者的活动，这可能会带来平台所有者预想之外的价值创造新途径。正如我们在后面章节将讨论的那样，这两个特征对公司寻求全球业务扩张的方式有着巨大影响。

虽然数字化在大多数产业中盛行，但在不同产业，数字化力量的强度千差万别。以电力、水利和其他自然资源的管理为例。在过去大约 10 年中，数字化智能系统已经在很多类似领域投入使用，从而使资源管理和分配的效率更高。例如，数字化赋能的并网系统使水务公司能够无缝结合信息和操作技术（包括数字传感器和算法分析），通过智能水泵来提高抽水能力，或者通过实时性能监控来改善水处理能力。[5] 但是，与汽车产业相比，公共领域在数字化转型的多样性和强度方面都明显落后。例如，在汽车产业，车联网和数字化生态系统已经重塑了整个全球价值链（以及流程），引入了非传统型合作伙伴（传媒公司、软件初创企业）以及它们多元化的价值产品。事实上，预计到 2027 年，全球车联网的市场规模将在 2019 年的 420 亿美元的基础上增长 5 倍，达到 2120 亿美元左右，这反映了数字化推动下的产业增长的程度。[6]

　　重要的是，一个产业的数字化力量的强度，在不同地区或市场也不尽相同。正如印度埃迪亚贝拉集团的执行总裁西瓦·西瓦库玛（Shiv Shivakumar）所说："仅评估你的经营业务所属行业的数字化程度，甚至所属生态系统的数字化程度是不够的，了解你的经营地区所在社会的数字化程度同等重要。"[7] 一个简单的衡量标准，如人均联网设备数量，体现了不同地区的差距。例如，尽管预计 2023 年全球人均联网设备会达到 3.6 台，但这一数字在美国的人均 13.6 台与印度的人均 1.5 台的范围内变化。[8] 不同国家和地区，在供给端和需求端上的数字化差异，意味着跨国公司需要仔细评估其每个主要国际市场数字化力量的强度。

　　表 2-1 为管理者提供一个简要清单，来评估在特定国际

## 表 2-1 数字化力量强度

（单位：分）

| | 在本市场中，数字科技的作用 | 有限作用 | | 有利作用 | | 关键作用 |
|---|---|---|---|---|---|---|
| 客户 | 1.……进入（对接）新市场 | 1 | 2 | 3 | 4 | 5 |
| | 2.……与客户接触 | 1 | 2 | 3 | 4 | 5 |
| | 3.……管理客户旅程 | 1 | 2 | 3 | 4 | 5 |
| 生态系统 | 4.……与合作伙伴合作/共创价值 | 1 | 2 | 3 | 4 | 5 |
| | 5.……建立价值创造平台 | 1 | 2 | 3 | 4 | 5 |
| | 6.……协调商业生态系统 | 1 | 2 | 3 | 4 | 5 |
| 运营 | 7.……生产和相关活动 | 1 | 2 | 3 | 4 | 5 |
| | 8.……供应链和物流活动 | 1 | 2 | 3 | 4 | 5 |
| | 9.……协调内部运作 | 1 | 2 | 3 | 4 | 5 |
| 资源 | 10.……寻求、获取资源与知识 | 1 | 2 | 3 | 4 | 5 |
| | 11.……追求创新 | 1 | 2 | 3 | 4 | 5 |
| | 12.……企业创业活动 | 1 | 2 | 3 | 4 | 5 |

市场上数字技术对公司业务所起的作用。数字技术是否发挥着关键作用？是支持或促进作用，还是对业务影响不大？清单上的条目与我们在第一章确定的全球商业的 4 个关键维度有关，即客户、生态系统、运营和资源。管理者应该给其正在运营的或打算进军的每一个主要国际市场（产业–区域组合）的数字化力量强度进行打分。这 12 项得分的平均值是评估该市场数字化力量强度的一个相当好的指标。

## 区域和本土化力量强度

正如我们在第一章所提到的，在过去几年中，区域化、地缘政治和民族主义的力量席卷全球。这种区域和本土化力量来自对失业、国家安全和收入不平等这类地区性问题的高度关注，并使得国家和地区层面出台支持或保护当地企业利益的政策。区域和本土化力量也可能源于独特的当地情况，包括不断变化的人口结构、文化和政治制度。

在世界各地，这样的本土化力量的强度千差万别。这在《2020 年 DHL 全球连通性指数报告》的调查结果中得到了体现；该报告对各国与世界其他地区的联系（或融合）程度进行了排名，以呈现它们参与产品、服务（贸易）、资本、信息和人员的国际流动的程度。[9] 例如，西欧大多数国家，如荷兰、瑞士、比利时、爱尔兰、丹麦、英国和德国，在全球连通性方面都排名靠前，而非洲很多国家，像苏丹、津巴布韦和乌干达，都排名垫底。即使在同一大陆，差异也相当大。比如，在全球互联互通方面，阿联酋排名前 5，但中东其他国家（像沙特阿拉伯、阿曼和卡塔尔）的连通性并不理想，其排名远在50 名之外。

了解国际市场上的区域和本土化力量，需要我们关注当地正式和非正式机构的作用和影响。从正式机构的角度看，我们要考虑政府机构制定的贸易规章和政策，以及（公共和私人实体提供的）商业和数字基础设施。从非正式机构的角度看，我们要考虑该市场的主导产业和消费文化。现在，让我们来更深入地了解这些内容。

## ● 贸易法规和政策

从中国和印度等大型新兴经济体近几年出台的贸易和技术政策可以看出，区域和本土化力量在世界不同地区发挥着作用。中国宣布了一系列政策和计划，包括《中国制造 2025》和《"十四五"国家信息化规划》，这些政策和计划旨在保护和增强本地企业的竞争力，打造"数字丝绸之路"，使它们在区域贸易中处于主导地位。同样，印度提出了"印度制造"倡议，覆盖了该国经济的 25 个领域，目的是加快创新，保护知识产权以及建立一流的制造业基础设施，以提升本地企业的竞争力。

意大利长期以来都是自由贸易的拥护者，后来采取措施（通过一项紧急法令）来扩大政府职权，禁止重大外资进入很多行业投资，包括电力、水利、医疗、媒体、数据收集、航空航天、银行、保险、机器人或生物技术在内的任何公司。实际上，这是对外国企业进行经济封锁。[10]

区域化力量在世界各地方兴未艾的另一个标志，是不同国家正在就区域贸易协定进行谈判。例如，中国、日本、澳大利亚、新西兰、韩国和 10 个东盟国家一直致力于《区域全面经济伙伴关系协定》（RCEP）。尽管印度决定退出该协定，但鉴于 15 个 RCEP 缔约方的国内生产总值占了世界生产总值的近 1/3，RCEP 可能会成为一个占主导地位的区域贸易协定，有可能从根本上重新定义全球商业的性质以及产品和服务的跨境流动。类似的区域化举措包括美国退出《跨太平洋伙伴关系协定》后创建的《全面与进步跨太平洋伙伴关系协定》。世贸组织最近表示，近几年来，区域贸易协定的数量和范围一直在稳步增加。目前，已经生效的区域贸易协定有 300 多个，表明了区域和本土化力量在世界各地的总体强度。[11]

很多国家也正在监管跨境数字化数据的流动，从而引出了另一种重要的本土化力量。例如，俄罗斯第 242–FZ 号联邦法要求各公司把俄罗斯公民的个人数据存储在俄罗斯服务器上，并建立一个官方登记处，负责处罚违反法令的经营商。同样，印度正在制定数据保护法案，以限制某些类型商业数据的跨境流动。

此外，全球很多政府已经采取措施限制（或禁止）外国数字平台，以便加大对数字语音和商务的管控。例如，欧盟已经开始对谷歌和苹果等美国平台公司实施更加严格的监管。印度最近禁止使用抖音国际版和微信（WeChat）等多个中国数字平台。虽然这些以及其他监管和措施意在保护消费者隐私（如澳大利亚《个人控制的电子健康记录法》限制医疗提供商将个人身份信息向境外传输），但是它们更广泛的影响在于建起了新的数字壁垒，反映出不同地区日益严重的技术民族主义和保护主义。[12]

## ● 商业和数字基础设施

虽然从本质上来讲，数字技术不受地理位置限制，但世界各地最近的举措都聚焦于建设区域和本土化数字基础设施，且这些数字基础设施仅限于本国或本区域的公司使用。例如，两家主要的数字平台运营商软银（Softbank）和 Line①最近宣布了一项分别持有 50% 股权的合并，以创建一个超级数字平台，专门针对日本和东南亚市场，一站式提供社交媒体、聊天交友、移动电子商务和数字支付等服务。在其他很多国家，政府已主动开发和（或）推广对全球企业"部分关闭"的区域数字基础设施，以促进区域商业，并加强监控能力。正如拜耳公司首席信息技术和数字转型官比乔伊·萨加尔（Bijoy Sagar）所说："其中很大一部分原因是担心一两个国家最终会占据全球数字资产的大部分份额……这对其他国家来说不是件好事。"[13]

随着数字技术融入所有类型的公共商业基础设施中——从物流和运输系统到仓储设施再到支付系统——基于本土化问题和政治关切，一个国家的各类服务提供商能够更容易地限制跨国公司使用这些设施。此外，即使这些基础设施和设备随时可用，但在许多情况下，不遵守国际标准和（或）质量欠佳可能也会使得跨国公司无法有效利用这些设施设备。

---

① 日本即时通信应用提供商。——译者注

● **商业和消费文化**

世界各地不断加剧的民族主义也冲击到了消费文化，它使得许多市场从全球消费文化转向了更本土化的消费文化。[14]例如，在美国、德国、印度等主要国际市场，"买国货"运动已经流行起来。这种消费者民族主义也可能转化为供应方面的行为，它反映了对当地供应商和合作伙伴的偏好。

同样，民族主义和保护主义倾向也可能渗透到国家的商业文化中。众所周知，民族文化可以塑造企业文化。[15]近年来，有一点已经变得很明显，从长远来看，地缘政治的紧张局势也可以塑造一个国家的企业文化和企业间的国际关系。

所有这些因素表明，在全球商业环境中，不同类型的区域和地方力量在发挥着作用。在表2-2中，我们为管理人员提供了一个简单的调查表，从三个维度来评估国外市场的区域和本土化力量强度。这些条目涉及特定国外市场（产业、产品和地区组合）的规则（政策）、基础设施和文化在多大程度上促进了全球化或本土化。这12个条目总分的平均值可以作为该国外市场区域和本土化力量强度一个相当好的指标。

## 全球商业环境谱系

既然知道了数字化力量及区域（本土化）力量的强度，我们可以将它们放在一起考虑，以确定全球商业的4种独特环

## 表 2-2　区域和本土化力量强度

（单位：分）

| 在这个市场…… | | 促进全球化 | 促进本土化 |
|---|---|---|---|
| 政策 | 1. 外国公司进入市场的政策 | 1　2　　3　　4　5 | |
| | 2. 货物跨境流动贸易条约 | 1　2　　3　　4　5 | |
| | 3. IP 和跨境数据流政策 | 1　2　　3　　4　5 | |
| | 4. 与本地公司竞争政策 | 1　2　　3　　4　5 | |
| 基础设施 | 5. 生产、物流和营销基础设施 | 1　2　　3　　4　5 | |
| | 6. 金融和资本投资基础设施 | 1　2　　3　　4　5 | |
| | 7. 数字、通信和数据基础设施 | 1　2　　3　　4　5 | |
| | 8. 使用本地（区域）商业基础设施 | 1　2　　3　　4　5 | |
| 文化 | 9. 本地公司盛行的商业文化 | 1　2　　3　　4　5 | |
| | 10. 盛行的消费文化 | 1　2　　3　　4　5 | |
| | 11. 本地雇员盛行的工作文化 | 1　2　　3　　4　5 | |
| | 12. 本地人才（合作伙伴）盛行的创新文化 | 1　2　　3　　4　5 | |

境（见图 2-1）。计算与数字化力量及区域（本土化）力量强度相关的平均值（通过表 2-1 和表 2-2 计算得出）将有助于我们在具体象限内为企业进行定位市场。例如，如果特定国际市场在数字化力量上得 3.8 分，在区域（本土化）力量上得 1.7 分，它将属于象限 C。

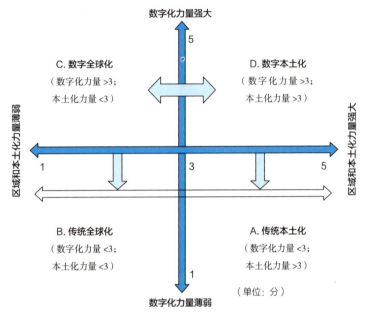

图 2-1 全球商业环境谱系

传统本土化（象限 A）描述了区域和本土化力量强大，而数字化力量仍然薄弱的市场。充分迎合区域市场的公司就属于此类。例如，有数百家公司为特定的非洲国家（市场）制造低端农业设备和机械。这些公司使用数字化程度较低的传统制造设备来生产产品，并利用区域贸易协定来保护它们免受全球竞争的影响，以销售它们的产品。

传统全球化（象限 B）描述了数字化力量薄弱、区域和本土化力量薄弱的市场。数字技术已在公司使用，但它们并没有起到关键作用，主要起一种辅助作用（对业务扩张决策的影响很小）。同样，市场存在于一个相当全球化的背景下（区域和本土化力量薄弱），因此，在市场需求、价值创造和价值传递方面，存在更高程度的标准化或同质化。这样的市场包括低值易耗品（如低端服装）市场。在这些市场中，数字化程度很低，同质化的客户需求有限，企业要获得规模经济效应，价值链一定得是全球化的。例如，在纺织、服装和鞋类市场，一些企业已经成为全球价值链的关键参与者，在全球廉价商品的生产和运销中发挥着重要作用，但它们的数字化运营还有待提升。

图 2-1 的左上和右上象限（象限 C 和象限 D）表示数字化力量更强大的市场。数字全球化（象限 C）指数字化程度相当高的市场［在供应端和（或）需求端］，但其区域和本土化力量相对较弱。换句话说，在这些市场中，数字化和全球化已经融合，公司能够使用不同类型的数字技术和相关能力，在运营或产品（服务）交付方面扩大其全球影响力。例如，许多类型的消费级电子产品（包括计算设备、移动电话和电视机）市场都属于这一类。一方面，针对这些市场的贸易壁垒和其他保护主义措施相对有限，使得苹果、一加和三星（Samsung）等公司能够以同类产品、服务（和相似的商业模式）来满足全球化市场。但另一方面，这些市场的数字化力量往往更加强大，由于各种类型的数字技术被用于制造、物流和营销，使得企业能够实施高效的全球供应链和市场交付系统。回想一下我们在第一章提到的总部位于深圳的全球民用无人机行业领头羊大疆公司的案例。该公司采用复杂的数字能力——包括机器人、数

字平台、机电一体化和移动技术——作为其产品的一部分。与此同时，在过去 10 年左右的时间里，得益于民用无人机全球市场的爆炸式增长（市场标准化水平不断提高，贸易壁垒有限），大疆一骑绝尘，实现了快速发展。现在，大疆无人机广泛应用于各个领域，其中包括音乐和电影行业。

最后，数字本土化（象限 D）描述了数字化力量及区域（本土化）力量对全球商业产生相当大影响的市场。以数字医疗保健市场为例。毫无疑问，数字技术正在彻底改变医疗保健的提供方式。从虚拟现实、增强现实、可穿戴设备和物联网设备到统计分析、人工智能和移动计算，数字化使个人健康服务的提供方式发生了根本性的变化，为消费者提供了匿名、便捷、低成本的访问和全天候支持。新冠疫情只是进一步扩大了这一数字医疗市场。与此同时，鉴于不同地区或国家的医疗保健商业模式千差万别以及政府机构发挥的监管作用程度不同，这些和其他个人医疗保健解决方案的市场高度本土化。例如，有几个国家已经制定法律（比如，2012 年澳大利亚的《个人控制的电子健康记录法》），规定了患者数据的存储地点以及共享和处理这些数据的方式。这类市场要求外来企业仔细评估本地市场，并根据当地情况定位自己的产品和商业模式。

重要的是，全球商业景观充满了活力。随着数字技术的发展，其功能将更加强大，用途更加多样，应用领域也将不断扩大。因此，以前不受数字化影响的行业和市场可能突然变得易受数字化力量的影响。图 2-1 中两个向下的箭头表示数字技术的不断进步，征服了更新的应用领域和市场，从而缩小了传统全球化和传统本土化两个象限。我们在此假设，市场极不可能变得"非数字化"。也就是说，一旦数字技术应用于市场，其影响力几乎不会减弱。

另一方面，区域和本土化力量的影响可能会有增有减。以前的本土化市场可能变得更加全球化，反之亦然。图 2-1 中的双头箭头表示市场不断从象限 C 到象限 D 转换，反之亦然。正如我们在第一章所提到的，中国智能手机制造商小米公司的全球快速增长曾得到了西欧、亚洲和美国开放的全球市场的支持。但由于不断变化的政治和经济问题，其中一些市场已经变得不再那么开放，影响了该公司在国际市场的持续增长。

正如在本章开头我们在全球汽车产业例子中所指出的，数字化及区域（本土化）力量的变化可能会将一个产业的不同国际市场置于不同象限之内。例如，虽然美国和欧盟汽车市场的整体数字化成熟度很高——也就是说，主要的汽车企业及其生态系统合作伙伴已经在很大程度上实现了运营数字化——但在印度汽车行业，整个价值链的数字化程度是不太一致的。在印度，大型汽车企业已经实现了数字化运营，但许多印度原始设备制造商在数字化投资方面很滞后。[16] 所有这一切都意味着，从事汽车行业并追求全球扩张的公司可能会发现，其进行全球扩张的一些目标市场是高度全球化和数字化的（因此属于象限 C），而其他一些则是本土化的（属于象限 A 或象限 D）。这就需要在市场准入、客户获取、合作伙伴管理、知识获取和运营方面采取不同的方法。

企业应该如何驾驭这样一个动态的、多样化的全球商业环境？我们建议，企业可以提升不同类型的数字化全球商业连通能力，以适应它们希望扩展到的国外市场的性质。这一点，下文将进行论述。

## 数字化全球商业连通性

现在，我们将更详细地解释在第一章提出的数字化全球商业连通性的概念。我们先从它的概念基础即紧耦合和松耦合概念开始。

### ● 紧耦合和松耦合：数字化全球商业连通性的概念基础

紧耦合和松耦合描述了两个实体之间的依赖程度。如果两个实体之间是松耦合，它们的依赖程度就很低；如果它们之间是紧耦合，它们便彼此高度依赖。在很多领域，这个简单的理念得到了广泛应用，从软件设计到组织设计再到商业模型设计。例如，在计算与系统设计中，为了保持较低的维护成本，往往需要采用松耦合架构，在改变系统的一个部分时尽量不破坏系统的其他部分（也就是说，较低的依赖关系意味着整个系统的连锁反应更小）。因此，松耦合增强了系统应对外部变化的整体灵活性，因为做出这些变化更容易，更具成本效益。它还能够让系统适应不同的应用环境（不同的用户需求），因为一个组件的不同变体可以插入相同的系统中，并且在不同的环境中发挥不同的作用。然而，在某些情况下，紧耦合或许更可取，因为它能带来更高效和更稳定的操作。紧耦合的系统架构能够减少不同要素、组件之间需要共享的信息范围（因为它们对彼此更加了解），从而提高系统运行的速度。更紧密的耦合也使得系统更加封闭，从而增强了系统的整体完整性和稳定性。因此，紧耦合和松耦合一方面反映了效率和稳定性的协调，另一方面反映了灵活性和适应性之间的权衡。

根据这一总体思路，我们认为紧耦合和松耦合突出了跨国公司全球商业环境中反应性和特应性之间的平衡（见图2-2）。[17] 正如我们在第一章所简要指出的，反应性是指跨国公司不同的国外子公司、合作伙伴或公司部门相互响应或协调一致的需求，而特应性则指单个子公司和合作伙伴适应并反映当地市场环境独特性或唯一性的需求。

图 2-2　紧耦合和松耦合

如果存在特应性但没有反应性——这意味着系统行为不同，但不同单元之间缺乏一致性——那么系统就是解耦的。在解耦的系统中，不同部分之间根本没有联系或关系，每个部分都独立运行。跨国公司很少能以此种方式运作，因此，在本书中，我们不会考虑将解耦作为一种战略选择。

如果一个系统具有反应性但没有特应性，这意味着它能够有效地响应，但没有差异——那这个系统则被认为是紧耦合系统。如果系统存在特应性和反应性，处于中间位置，那么它就是松耦合系统。在松耦合系统中，系统的不同部分相互连接（耦合），从而产生一定程度的反应性。与此同时，这些联系或关系存在松散度，这反过来促成了一定程度的特应性。但需要注意的是，尽管反应性确实存在于松耦合中，但它不可能达到其在紧耦合系统中的程度。因此，在本书中，我们将通过案例分析跨国公司为何选择紧耦合或松耦合作为其实现数字化全球商业连通性的路径。

重要的是，所需的反应性和特应性的程度取决于系统外不确定性的强度和位置。较高级别的不确定性可能需要更松散的耦合，而较低级别的不确定性则需要更紧密的耦合。然而，一个系统可能在某些方面面临较高级别的不确定性，而在其他方面则面临较低级别的不确定性。例如，以快餐行业的商业模式为例，麦当劳和必胜客等连锁企业已经将重点放在供应链、门店设计和提供用户体验的紧耦合上，从而在运营效率和规模方面获得收益。同时，随着它们向较新的国际市场扩张，用户对更多多样化产品的需求要求它们在菜单创建和维护、采购和供应商选择方面采用更松散的耦合。因此，紧耦合和松耦合能够在同一个公司系统内共存。

在紧耦合和松耦合的理念之上，我们建立数字化全球商业连通性的概念。在此过程中，我们详细阐述了管理者如何能够评估不同国际商业市场需要这样的紧耦合或松耦合，并设计出一套适当的数字化全球商业战略。

● **数字化全球商业连通性和全球商业战略**

在第一章，我们曾简要阐述，数字化全球商业连通性将公司关系的本质——建立在数字技术和相关能力之上——融入全球客户和市场、全球合作伙伴和生态系统、全球活动和运营以及全球资源和知识中。通过这四个维度，我们可以确定数字化全球商业连通性的七个不同要素。

表 2-3 列出了数字化全球商业连通性的这七个要素。我们将在第三章至第六章详细分析这七个要素。

表 2-3　数字化全球商业连通性的要素

| 维度 | 数字化全球商业连通性的要素 | 描述 |
|---|---|---|
| **全球客户和市场** | 公司 – 市场连通性 | 涉及公司进入国外市场的方式，包括销售渠道和运营 |
| | 品牌 – 客户连通性 | 涉及公司如何在国外市场管理其品牌以及客户如何与品牌互动 |
| **全球合作伙伴和生态系统** | 平台 – 市场连通性 | 涉及公司的数字化业务平台如何在价值主张、数字资产和数据基础设施方面与国外市场连接 |
| | 公司 – 生态系统连通性 | 涉及公司如何在国外市场管理与合作伙伴的关系以及如何在生态系统中协调价值创造 |

（续表）

| 维度 | 数字化全球商业连通性的要素 | 描述 |
|------|------|------|
| 全球活动和运营 | 公司－子公司连通性 | 涉及公司与不同国家子公司之间的关系，反映了协调过程和决策权的分配 |
| 全球资源和知识 | 公司－创新源连通性 | 涉及公司从国外市场寻求创新的总体方法 |
| | 公司－创新资产连通性 | 涉及公司如何重新配置和部署在国外市场产生的创新资产及其他资产和资源 |

　　总而言之，数字化全球商业连通性的七个要素反映了跨国公司在寻求、建立和管理（或治理）这些关系方面所做的选择。跨国公司在这些方面所做出的具体选择将通过其全球商业战略得以显现——全球商业战略和进入国外市场、客户参与、平台和生态系统治理、生产和供应链运营、创新和知识获取、商业模式创新以及相关企业风险；反过来，这些战略又通过各种数字技术能力的应用在实践中得以实现。

　　重要的是，公司的数字化全球商业连通性将取决于国际商业环境的性质——具体来说，它取决于政府法规（政策）、数字和商业基础设施以及商业和消费文化方面的区域（本土化）力量的强度。例如，跨国公司如何在国外市场识别和管理其与客户的关系可能取决于该市场的准入政策和（或）消费文化的全球化或本土化程度。全球化程度越高，公司与其国外市场业务之间的耦合就可能越紧密。另一方面，更本土化的环境很可能需要松耦合，要求公司在适应当地条件的方式上有更高级别的特应性。因此，与数字化全球商业连通性的每一个要素相关的具体战略选择（见表 2-3），需要视区域（本土化）力量的强度而定。

简而言之，数字化全球商业连通性为跨国公司提供了一个广泛的框架，以设计和部署一套全面而连贯的全球商业战略；这些战略建立在数字技术能力的基础之上，适合不同的国际市场环境。

现在，我们将尝试着对以上所述进行总结。寻求国际扩张的企业管理者将需要问自己三个问题。

第一，国外目标市场的性质是什么？或者说，它在数字化力量和区域（本土化）力量景观中处于什么位置（见图 2-1）？使用表 2-1 和表 2-2 所提供的标准，可以对此做出评价。通过标绘数字化力量和区域（本土化）力量强度的平均得分，就可以在数字化力量和区域（本土化）力量景观中定位市场。这有助于揭示国外目标市场是数字全球化还是数字本土化。由此，就能够知晓公司与其国外市场运营之间的紧耦合或松耦合程度。

第二，公司应该采取哪些具体的全球商业战略来实现所需的数字化全球商业连通性？公司进入特定的国际市场，可能会强调四个维度中的一个或多个，以及其中的数字化全球商业连通性的相关要素。因此，对于数字化全球商业连通性的每一个相关要素，公司将需要根据国外市场是否需要全球化或本土化来选择战略。在接下来的章节里，我们将重点讲述每一个维度和数字化全球商业连通性的相关要素，并将根据本土化力量的强度，讨论可选择的商业战略及其协调性。

第三，与这些商业战略相对应的能力是什么？实施不同的数字化全球商业战略不仅需要获得必要的数字技术能力，更重要的是，如何将这种能力与其他组织能力相结合。在接下来的章节，我们将使用案例研究来阐明构成数字化全球商业连通性基础的不同能力。

公司还必须确保它们提出的数字化全球商业战略的更广泛的组合相互之间充分连贯和一致（也就是说，在它们带来的商业风险方面没有太大的差异，并且公司的组织认同在不同的国际市场上是一致的）。当公司追求快速增长战略时，这种战略组合层面的考虑具有更大的意义；在快速增长战略中，为一个国外市场做出的决策可能会产生路径依赖，影响公司在其他国外市场的表现。

我们以印度著名跨国企业集团埃迪亚贝拉集团为例。埃迪亚贝拉集团总部位于孟买，业务遍及 34 个国家，市场经营范围广泛，包括水泥、金属、粘胶短纤维、品牌服装、化学品、化肥和电信。考虑到埃迪亚贝拉集团在全球化和本土化市场及众多行业都开展业务，它在不同地区和行业的全球商业战略极有可能不一致，从而限制了公司未来追求国际增长机会的整体能力。为了解决这一问题，埃迪亚贝拉集团着手推进了一项基于数字技术能力（包括人工智能和数据分析）的战略，使核心流程和经营性资产在不同业务中模块化和数字化，利用预测性维护、销售预测、客户流失率预测、促销跟踪及货运优化，使这些流程和资产更易于跨境转移。这样就可以快速定制这些数字化核心资产，以适应不同的国际商业环境，并通过重复使用来提高公司运营方法的整体一致性。我们将在后面的章节更详细地讨论这些和其他策略。但是，正如埃迪亚贝拉集团首席数据和分析官迪普·托马斯（Deep Thomas）所言，集团目标是建立不受业务限制的数字能力和资产，这些能力和资产可以快速重新配置，扩展到任何一个国外市场环境中，而不会失去企业层面的整体一致性。[18]

这种方法也反映了我们这本书的核心信息：跨国公司需要调整它们的增长和扩张战略，通过利用数字技术提供的支持，以灵活的方式与客户、合作伙伴、运营和资源建立联系，以适应不同的国外市场条件。简而言之，像埃迪亚贝拉集团这样的举措表明了将公司的全球扩张战略建立在其数字化全球商业连通性之上的潜力和前景。

现在我们对数字化和区域（本土化）力量框架下的全球商业景观有了更好的理解，我们将继续对数字化全球商业连通性的四个关键维度进行重点分析：全球客户和市场、全球合作伙伴和生态系统、全球活动和运营以及全球资源和知识。对每一个维度，我们将描述其关键要素、相关的数字化全球商业战略和基础能力。

我们首先关注全球客户和市场。

# 第三章

CHAPTER 3

## 数字连通全球客户和市场

　　博柏利是英国一个奢侈品时尚品牌，一直以其产品的独特性为荣（体现在它的"经典格纹"上）；它通过实体店来满足全球客户需求，这使得品牌能够保持其奢华的光环。该公司在全世界有近 500 家门店，甚至当它采取了"走向数字化"战略，并在20 世纪末建立了博柏利世界（Burberry World）网站时，其实体店仍然是其吸引客户的"锚"。但是，当博柏利开始认真考虑中国市场时，它决定采取一种截然不同的战略——一种在很大程度上依赖本地数字化渠道的战略。博柏利从其特许经营的香港国行集团有限公司（Kwok Hang Holdings of Hong Kong）手中收购业务后（支付了 8700 万美元），立马与中国电商巨头阿里巴巴建立了合作伙伴关系，在阿里巴巴的天猫网站开了一家虚拟店铺。博柏利聚焦于吸引较年轻的中国消费者，他们大多在网上购物。该公司也选用了微信作为其广告、销售和客户服务的主要平台之一。比如，该公司在微信上开展了限时 24 小时的闪购活动。

　　博柏利的战略依靠区域（本土化）数字渠道进入中国市场，这在奢侈品品牌中似乎是具有开创性的，但它们绝不局限于这一行业或地区。事实上，近年来，许多跨国公司——包括宝马、露露乐蒙、联合利华、耐克、哈曼国际（Harman

International）和宝洁——都采取了类似战略进入中国、印度和其他亚洲市场，与客户互动。

这种方式说明了本章的两个核心问题。第一，日益增长的区域和本土化力量正迫使企业重新考虑它们的全球营销战略，并采取更加本土化的方法。第二，很多反思是基于日新月异的数字化场景，这使得公司能够从根本上改变进入不同国外市场、与客户联系的方式。受新冠疫情影响，全球客户对数字化渠道的使用呈指数级增长。奢侈品品牌通常更倾向于通过实体店来凸显其独特性，但这一案例说明了类似的数字化和本土化力量的敏锐性，这些力量正在改变各种各样的公司的国际销售和营销战略。

在本章，我们探讨了两个相关的问题：全球化和本土化力量是如何塑造跨国公司的市场准入和客户连通战略的；数字技术和平台是如何重新定义这些战略的。

跨国公司一直在面对（并努力解决）一个问题，即它们的国际营销和品牌战略应该是全球化还是本土化；它们应该将营销组合扩展到所有市场，还是进行调整以适应本地市场。这个问题引发了激烈争论（标准化与本土化之争），最终很多公司找到了一个折中方案，即"全球地方化营销"（"从全球的角度思考问题，从当地的角度去运作"），它由本田汽车公司首次提出。[1] 例如，在世界各地，苹果专卖店都遵循客户服务协议，该协议是根据每个地区的文化制定的，并始终与之保持一致。巴黎的苹果店位于一栋奥斯曼式建筑里，它符合巴黎人的建筑品位。苹果零售前副总裁鲍勃·布里吉（Bob Bridger）说：

"一旦选好址，唯一需要的就是努力确保门店具有与周围文化和环境相匹配的吸引力。就是'走上街头'，感受当地风土人情。"[2] 那如今有何不同了呢？

正如我们在第二章所讨论的，在过去几年，区域和本土化力量的强度大幅增加，因此，当务之急是重新思考这种本土化方式的性质和范围。许多公司在前几年采取的本土化营销战略，例如，像苹果那样改变实体店的设置或者像麦当劳那样调整产品组合，是不够的，甚至是不合适的。这些公司有必要对商业模式、结构和流程进行更根本的改变。

在三个关键维度方面，这一点正变得越来越明显：政府的政策法规、数字和营销基础设施以及消费文化。政府的政策法规已经对国外市场准入构筑了一些屏障，这要求公司采取更新的方式。例如，近几年来，印度的外商直接投资（FDI）政策越来越宽松，但是如果境外实体的直接投资超过51%，它们仍然要求其从印度境内采购占商品价值的30%的原材料。[3]

同样，在很多国外市场，营销和销售运营的区域和本土化基础设施的独特性或特殊性——例如，由于信用卡相对不受欢迎，印度市场越来越多地使用区域数字钱包作为支付渠道——使得跨国公司难以继续依赖于全球通用基础设施和商业模式。在一些市场里，甚至连数字基础设施都是本土化的。

此外，经济民族主义的崛起只是深化了全球消费文化和本地消费文化之间的分歧，凸显了本地消费观的重要性。[4] 例如，在印度，"印度制造"（抵制外货运动）和"为本土发声"

运动使得消费者增强了对本土产品的兴趣和热情。像芙若森修（Forest Essentials，一家印度化妆品公司，专门从事生产基于阿育吠陀医学的产品）和菲缨蝶（Fabindia，一家零售连锁店，销售印度农村手工艺人制作的产品）等微型跨国公司的受欢迎程度，生动地说明了这种本地文化的亲和力。事实上，最近的一份报告指出，60% 的印度消费者愿意为本土制造的产品支付额外费用。[5] 正如印度知名品牌战略顾问哈里什·比约尔（Harish Bijoor）所说："2016 年左右，消费文化开始转向更加本土的产品；这种转向始于印度农村，并蔓延到城市地区，本土生产者因此获益匪浅。"[6]

很多新的国际营销战略和方法都因数字技术的进步而得以实现。数字技术提高了跨国公司在管理其全球和本地营销战略之间耦合关系的自由度。例如，基于一系列条件，包括市场异质性、社会政治治理和去品牌化程度，社交媒体和品牌红人使公司能够将其在世界遥远地区的营销与其全球品牌紧密或松散地结合起来。与此同时，数字技术和数据分析迅速增强了跨国公司的能力，使其能够根据近乎实时的数据，从客户互动中获得有价值的见解。例如，智能连接技术（5G、物联网、人工智能）缩短了实体渠道和数字渠道之间的距离，使跨国公司能够以在当地市场环境中有意义的方式与国外客户接触。简言之，数字技术和分析正在以前所未有的规模和复杂性推动全球客户互动。

为了更好地理解跨国公司是如何利用数字技术来制定国际市场准入和客户战略，以适应特定的国外市场的，我们首先需要考虑数字化全球商业连通性的关键要素。

## 与全球客户和市场耦合的要素

　　针对国际客户和市场，我们给跨国公司数字化全球商业连通性的两个要素——公司－市场连通性和品牌－客户连通性下了定义。

　　第一个要素是公司－市场连通性，指的是跨国公司选择国际市场和准入模式的整体方法，包括销售渠道和运营。传统上，跨国公司采用多种准入模式，既有非股权的独立连接（特许经营、授权），也有基于股权的直接连接（国外子公司）。数字科技丰富了市场准入的选项，其中包括时机、规模和范围。各种形式的数字销售渠道纷纷出现，给客户互动带来了新的可能性。这样的数字渠道能够与更为传统的实体渠道共存，两者融合的程度决定了紧耦合和松耦合的可能性。重要的是，根据外部环境的不确定性（如监管和经济环境），可以对不同的方法进行调整，允许存在不同程度的紧耦合和松耦合。

　　第二个要素是品牌－客户连通性，指的是跨国公司如何在国外市场管理其品牌，以及如何使其国际客户与品牌连接。品牌可以是全球的，或区域（本土）的；数字技术给跨国公司管理其品牌的全球和本地变体提供新的可能性，同时也为客户与品牌互动提供新的机会。文化及其他区域和本地因素决定了跨国公司在品牌－客户连通性方面实现紧耦合或松耦合的方式。

在上述每个要素中，紧耦合代表整个公司更高水平的标准化和控制能力（如在销售运营、品牌创建、决策过程中），以及对其他市场的公司层面优先事项和战略的变化有更强的反应性。同时，这种紧耦合可能会导致公司在国外市场的客户战略与当地条件之间严重脱节。反之，松耦合允许使用当地视角和解决方案，以适应当地条件，从而有助于提高其特应性。

接下来，我们将更详细地探讨这两个要素。

## 公司－市场连通性和国际市场准入战略 🌐

### ● 数字渠道作为国外市场准入的一种模式

通常情况下，跨国公司选择以独立方式（如特许经营）进入国外市场，然后将业务收购——买下特许经营权，建立全资子公司——来加强对品牌的控制。然而，通过提供新的直接途径进行销售和营销运营，数字渠道给传统的独立方式带来了其他选择。2019 年，全球企业对消费者（B2C）电子商务销售额达 3.5 万亿美元（占总零售销售额 14.1%），预期到 2023 年年底，该数额有望超过 6.5 万亿美元。[7] 即使是在印度那样落后于全球电子商务潮流的市场，在线零售额预计也将翻一番，从 2019 年的 320 亿美元增长至 2024 年的 660 亿美元左右。[8] 如前所述，新冠疫情大大加速了这些增长趋势。

数字渠道似乎有利于具有影响力的全球品牌，但即使是品牌知名度不那么高的公司，近几年来也有效地利用了数字渠道。例如，美元剃须俱乐部（Dollar Shave Club）和哈里斯（Harry's）利用数字渠道向吉利（Gillette）主导的国外市场扩张，如加拿大、英国和澳大利亚（它们的客户每个月订购剃须刀片和其他个人整洁用品）。[9] 同样，中国的时尚羊绒奢侈品牌沙涓（Sand River）在中国有多家实体店，但当决定开拓国际市场时，它完全依赖于数字渠道。到了 2019 年，它的海外销售额——全部通过数字销售渠道——占其营业收入的近 15%。

这种数字渠道能够使跨国公司灵活地控制与联系客户。一方面，像苹果和三星这样的公司已经建立了专门的品牌网站，使国外市场的客户能在线购买它们的产品。这类网站能让跨国公司很好地控制它们的产品营销组合和品牌。但它们也存在缺陷，那就是公司需要解决将产品运送到国外市场客户手中的物流问题。另一方面，像亚马逊这样的电子零售商会充当经销商；它们从其他公司购买产品，然后再转卖给不同的国外市场客户。这使得跨国公司——尤其是小型公司——能够以最小的投资和最低的风险将其产品打入国外市场。但除了获得较低的利润，这类跨国公司也无法直接接触国外客户，这使得它们的长远国际扩张议程的可行性受到了质疑。

在这两种极端情况之间，有一个"甜蜜区"（绝佳的平衡点）；对那些考虑通过数字渠道向国外市场扩张的大大小小的公司来说，尤其是那些承受着相当大的区域和本土化力量影响的市场，这个"甜蜜区"所蕴含的希望是巨大的。这一选择就是在数字市场开设专门品牌店，它可以是全球性的（亚马逊），或者是区域性的［天猫、Flipkart、拼多多、美客多（Mercado Libre）］。这类专门品牌店可以对品牌和营销组合进行相当程度的控制，而且还能直接接触客户。虽然全球数字渠道使各国的标准化程度更高，但区域和本土化数字渠道可以接触国外的利基市场。同时，很大一部分订单履行和其他本地分销业务可以分包给网上市场。例如，亚马逊全球开店业务提供各种销售和营销服务，包括订单管理和履行、客户支持，更重要的是国际注册、税收和支付。其中一些服务并不便宜，但它们的确能使公司（尤其是较小的公司）进入它们不确定的国际市场，进行市场测试。

● **实体渠道和数字渠道之间的紧耦合和松耦合**

我们的研究为跨国公司揭示了基于本土化程度与国外市场建立联系的两大战略：全球渠道整合和数字化优先（见表3-1）。第一个战略与全球化市场有关，第二个战略适合本土化程度更高的市场。

**表3-1 公司－市场连通性战略**

| 战略 | 本土化力量强度 | | | |
|---|---|---|---|---|
| | 政府法规和政策 | 营销和数字基础设施 | 消费文化 | 耦合性质 |
| 全球渠道整合 | 低 | 低 | 低到中 | 紧耦合 |
| 数字化优先 | 中到高 | 中到高 | 高 | 松耦合 |

全球渠道整合包括投资实体渠道和数字渠道，采用跨国公司全球化（或标准化）运营模式，进入国外市场运营，以提高效率和反应性。

我们以一个相当全球化的国外市场，一个高度融入全球交易、鲜少本地（区域）贸易壁垒的市场为例。营销基础设施（如支付系统、产品分销系统）往往是标准化的，对于想把销售、营销结构和流程从世界其他地方移植过来的公司，它所设置的障碍是有限的。没有本土化的贸易政策和条例，以及体制影响相对明确和可预测，意味着跨国公司追求外商直接投资时，业务稳定性更高，风险更低。在这样的市场，消费者的价值观和规范往往与全球消费文化一致。总体而言，这类市场的全球性意味着在销售过程和运营方面对特应性的需求减少，跨国公司有可能计划长期投资实体店，重要的是，将它们与其全球数字渠道融合起来。

露露乐蒙是一家价值 40 亿美元的加拿大运动服装跨国公司，其业务范围涵盖北美、欧洲和亚太部分地区，它一直在推行这种全球渠道整合战略。该公司成立于 1998 年，并紧紧抓住全球化市场——主要是美国、澳大利亚、英国和新西兰，这在很大程度上推动了其早期的国际增长。这使得该公司能够投资于公司自有门店（到 2014 年，露露乐蒙在这 4 个国家大约有 289 家门店），为其所有实体店带来独特的运营方式——将门店定位为"时尚中心"，旨在展示运动服装品牌背后的健康生活方式，并把它们打造为与当地社区联系的平台，充当话题发起者。

虽然实体店是其主要的客户触点，但露露乐蒙早在 2009 年就建立了全球数字营销渠道。其直接面向客户的数字渠道一直在稳步增长，到 2019 年，公司数字渠道的营业收入超过公司总收入的 1/4。从 2015 年左右开始，该公司还推出举措，旨在更明确地将实体渠道和数字渠道结合在一起。具体来说，该公司开始整合来自每一个数字渠道和实体渠道的客户数据，以便深入了解客户行为的各个方面——从购物到社交媒体上的客户评论——从而提供一致且个性化的客户体验。

研究人员已经研究了这种跨数字和实体渠道的整合如何使公司在客户的整个购物过程中统一营销，从而提供更一致的客户体验；这反过来又提高了客户参与度和忠诚度。[10] 客户购物过程越来越多地涉及这两种渠道，并且是以交叉的方式。如果跨国公司能够实时分析和了解这两个渠道的客户互动数据，并利用这种洞见来管理未来的互动，那将受益匪浅。新的数字和分析技术，包括虚拟现实、增强现实、5G、物联网和人工智能，使跨国公司能够做到这一点。例如，跨国公司可以利用从数字和实体渠道的客户互动中获得的数据，提供高度情境化的店内体验（如智能试衣间、虚拟现实商品销售）。2019 年，露露乐蒙推出了一项新的数字活动，跨渠道提供这种综合的客户体验，"目的是激励、激发和赞扬过着健康而有意识的生活的客人"。[11] 同样，当在线美容产品零售商桦木盒（Birchbox）将业务扩展到实体店时，该公司专注于整合客户的实体和数字购物体验，使它们更加"全面、无缝，意在帮助购物者做出明智、自信的选择"。[12] 丝芙兰（Sephora）和其他化妆品零售商也在努力整合实体和数字渠道，以提供更无缝的客户体验。很显然，将公司的高科技和高接触的客户互动结合在一起（如促进"反展厅现象"，即客户首先在网上研究产品，然后再到实体店购买，以及"展厅现象"，即客户在实体店试用产品，然后最终在网上购买），优势显而易见。[13]

然而，由于这种战略涉及在国外市场建立实体店并将其与公司的全球数字渠道相结合，它在很大程度上取决于公司是否可以在能够提供更高可预测性的全球化市场环境中运营，特别是在贸易政策、数字基础设施和法规方面。当本土化和区域化力量具有相当大的影响力，并形成了非常大的市场不确定性时——就制度作用及其影响、数字基础设施和（或）消费者价值观及规范而言——数字化优先战略更为合适。

例如，当露露乐蒙向中国扩张时，它最初并没有遵循在美国、澳大利亚和其他类似市场所采用的战略。相反，它于2015 年开始在中国电子商务平台天猫开设数字业务。2013 年，露露乐蒙在北京和上海开设了三个展厅，但这些展厅主要用于营销目的——宣传品牌，并通过举办瑜伽、有氧运动和自由搏击活动来提高知名度。该公司主要依靠区域数字渠道（天猫、微信）来推动其在中国的销售，结果非常成功。其他跨国公司——包括总部位于美国密歇根州的真空吸尘器制造商必胜（Bissell）和新西兰与美国合资的鞋类初创企业欧布斯

（Allbirds）——在进入中国市场时，也纷纷效仿，将重点放在数字平台上。

这种数字化优先的战略使得跨国公司能够在现行条件——特别是贸易政策和法规——不利于建立实体门店的情况下，在国外市场获得一席之地。我们看一看苹果在印度不断演变的战略。苹果在印度曾主要通过 Flipkart 和 Paytm Mall 等区域电子商务平台销售其产品。然而，随着印度对外商直接投资规则的变化，苹果开始开设自己的网店，直接接触客户。但即使是现在，苹果仍将继续通过第三方实体店销售其产品，数字渠道和实体渠道之间的整合非常有限；这种情况将持续到苹果在印度全境开设自己的实体门店之前（最初的几家实体店将仅限于在孟买等大城市）。事实上，印度市场的特殊性，加之政府对外商直接投资政策的持续不确定性，强化了数字渠道在接触潜在客户时的重要性，而非公司拥有的实体店。

此外，对国外跨国公司来说，强大的本地电子商务平台的出现使数字化优先战略非常具有吸引力，它可以作为规避风险的国际扩张途径。以吉乐平台（Jio Platforms）为例，它是印度企业集团信实工业有限公司（Reliance Industries Limited，简称"信实公司"）旗下所有数字业务的控股公司。它包括印度最大的移动网络吉乐移动数据网络（拥有 4 亿多用户），其移动数据连接费用是世界上最便宜的。[14] 建立在此网络基础设施之上面向市场的平台——包括吉乐玛（JioMart），一个在线杂货配送平台——提供了各种各样的数字服务。最近，脸书和谷歌都加入这一平台，它们收购了吉乐平台的少数股权，目的是为吉乐客户提供定制版产品。例如，谷歌定制版的安卓操作系统将驱动一款低成本入门级智能手机（由信实公司制造）；脸书旗下的瓦次普（WhatsApp）（在印度拥有约 2 亿用户）将提供包括订单支付在内的一系列服务。信实公司现在正在让成千上万的当地的小型社区零售商店在吉乐玛平台开设它们的在线门店，这样消费者就可以通过瓦次普下单（并支付），他们购买的产品将由当地商店发货。实际上，这就是创建了一个无缝的电子商务平台，将数字平台的力量和便利与小型零售商店的覆盖范围及"本地性"结合起来。这样一个综合性的区域平台将成为国外跨国公司在印度迅速开展数字业务，并以低成本的方式接触印度消费者（城市和农村）的理想工具。

外商投资和贸易政策的逐渐收紧，以及一体化的、区域性的数字电子商务平台在世界各地日益占据主导地位，为跨国公司进入新的国际市场时采用数字化优先战略铺平了道路。但应当指出的是，数字化优先战略并不意味着公司必须长期坚持开设数字门店。随着跨国公司在国外市场的增长，随着它们在管理区域（本土化）力量方面获得更多信心，跨国公司也可以将其业务扩展到实体店。例如，在最初通过数字渠道进军中国市场之后，博柏利和露露乐蒙在中国的一些地方都开设了实体店。

从广义上讲，虽然全球渠道整合意味着紧耦合，这种紧耦合涉及跨国公司在不同国外市场业务之间更高层次的标准化和反应性，但是数字化优先战略强调松耦合，它表示国外市场的特应性（如将销售业务嵌入区域数字基础设施中），且并不牺牲其反应性。然而，迄今为止，从我们的讨论中应该可以明显看出，这两种选择将作为原型战略，它们包含了几个不同因素。例如，公司应该通过实体和（或）数字渠道进入市场吗？如果是数字渠道，它们应该是全球数字平台，还是区域数字平台？如果公司同时采用数字和实体渠道，应该整合它们吗？如果应该整合，那要达到什么程度？出于什么目的？由于这些因素的组合不同，公司能够使这两种战略呈现出不同的风格——数字化优先和全球渠道整合——以适应市场中本土化力量的本质，实现数字化全球商业联通性不同程度的耦合。

## 品牌－客户连通性和国际营销协调 🌐

### ● 国际市场数字平台和品牌建设

品牌—客户连通性是数字化全球商业连通性的第二个要素，它指的是跨国公司如何在国外市场管理其品牌，以及其国际客户如何与品牌连接。

在国际市场上，无论是企业对消费者市场，还是企业对企业（B2B）市场，品牌都扮演着几个关键角色。除了让客户实现他们的理想目标，品牌还让客户更容易做出购买决定，因为品牌的声誉能够增强客户的信任，降低其风险。因此，这减少了消费者对产品进行仔细评估所需的时间和精力。这一点在国外市场尤为重要；在国外市场，公司与客户接触（或互动）的机会有限，品牌成为进行这些互动的主要载体。数字平台和技术的出现改变了跨国公司与国外客户进行此类与品牌相关的互动的方式（或者国外客户与品牌互动的方式）。[15]

传统上，为了开拓每一个国外市场，打造自己的品牌，跨国公司过去常常在当地电视和平面媒体上进行大量投资。这需要花费大量的时间和精力，其过程缓慢而渐进。数字平台（如社交媒体）加快了国际品牌建设的速度及范围。各种各样的全球性或区域性数字平台——包括社交媒体（如脸书、推特、照片墙、微信、微博），在线评论平台（如 Yelp[①]、百度贴吧、Manta[②]、MouthShut[③]）和电子商务平台（如亚马逊、易贝、天猫）——使得消费者能够通过评论、点赞和发帖子与公司和其他消费者交流他们的品牌体验。此外，大多数消费者在品牌互动中并不积极；总的说来，他们消费，而不生产与品牌相关的信息。通常情况下，在形成这些对话的过程中，一小部分消费者扮演了非常重要的角色，反过来，他们对其他消费者的品牌认知有相当大的影响力（并影响其他人的购买行为）。这些消费者通常被称为网红（或数字意见领袖），他们的范围和影

---

① 美国最大点评网站。——译者注
② 企业网络社区服务平台，总部位于美国俄亥俄州，专注于为小企业提供网络社区服务。——译者注
③ 印度消费者评论和反馈平台。——译者注

响力可以是全球性的，也可以是本土性的；他们可以被作为把品牌引入国外市场和（或）重新定义品牌的有力工具。

数字平台使所有这些与品牌相关的互动成为可能，这导致了两个问题，在我们考虑国外市场时，这两个问题特别令人感兴趣。

第一，需要了解全球消费文化和本地消费文化（国外市场特有的）之间的差异（如果有的话），这一点至关重要。虽然数字平台使得与品牌相关的对话走向全球，但若认为它们降低了本地消费文化的重要性（或增强了全球消费文化的主导地位），则是错误的。事实上，如前所述，民族主义力量崛起的结果之一，就是消费文化更加紧密地根植于一个国家或地区的本土价值观和规范。反过来，这意味着需要考虑品牌的本土化认知或品牌如何被国外市场的消费者认知。

第二，品牌认知在数字平台上跨境流动的速度，也引发了一个问题：在一个国外市场发生的与品牌相关的事件如何影响全球品牌（反之亦然）。从历史角度来说，大多数公司认为，这种传染效应是微乎其微的（公司在一个国家的行为对另一个国家消费者对它的认知几乎没有影响）。数字平台已经改变了这种状况：积极传染效应和消极传染效应都非常明显。

更广泛地说，全球品牌和本土品牌之间联系的本质成为在不同国外市场塑造品牌－客户连通性的关键设计元素。

● 品牌－客户连通性的紧耦合与松耦合

我们将品牌－客户连通性诠释为跨国公司对全球品牌和本土品牌之间整合，以应对特定国外市场的区域（本土化）力量的强度。可以采取两大类战略：数字全球化，它涉及紧耦合；数字文化化，它意味着松耦合（见表3-2）。

表3-2 品牌－客户连通性战略

| 战略 | 本土化力量强度 | | | |
| --- | --- | --- | --- | --- |
| | 政府法规和政策 | 数字基础设施 | 消费文化 | 耦合本质 |
| 数字全球化 | 低到中 | 低 | 低 | 紧耦合 |
| 数字文化化 | 高 | 中到高 | 中到高 | 松耦合 |

数字全球化战略包括在全球品牌和国外市场的客户之间建立紧密的联系。以一个全球化的国外市场为例，在这个市场中，全球消费文化占主导地位，从而降低了本土消费文化的影响力。因此，公司可以强调其品牌的全球性——它们的全球形象——和价值体系，这反过来意味着相当标准化的营销和品牌传播方案。该战略无须进行品牌本土化改造，这样做甚至可能会减损公司想要传达的核心品牌信息。

这可以通过不同的方式实现。例如，跨国公司可以聘请全球有影响力的人士和意见领袖，为自己的品牌培养全球粉丝，然后利用这些粉丝来提高其产品在国外市场的市场吸引力。为此目的，许多跨国公司聘请了各种各样的全球影响力人士，包括社会名流［玛丽亚·凯莉（Mariah Carey）、凯莉·詹娜（Kylie Jenner）］、体育明星［克里斯蒂亚诺·罗纳尔多（Cristiano Ronaldo）］、演员［乔治·克鲁尼（George Clooney）］和音乐家［泰勒·斯威夫特（Taylor Swift）］。爱彼迎、露露乐蒙和平克贝利（Pinkberry）等跨国公司全都利用全球影响力人士建立自己的全球品牌。例如，当玛丽亚·凯莉在 2015 年入住爱彼迎精品酒店时，该公司很好地利用了这个机会，聘请她为品牌红人［凯莉在照片墙上的帖子获得了 4.5 万多个赞］。首次努力获得成功之后，爱彼迎又多次利用具有影响力的名人，通过照片墙的 7 亿活跃用户，建立了全球性的品牌。

即使在企业对企业的电子商务市场，这样的全球意见领袖的影响力也已经变得至关重要。联想、思爱普（SAP）、华为等公司都已经采用了这样的战略。以华为为例。在过去几年里，该公司成功地利用其"关键意见领袖（KOL）计划"，将其全球品牌扩展到新的国际市场。该计划包括来自许多国家（如美国、加拿大、法国）的 100 多名意见领袖；他们由其在特定行业或技术为主的团体的影响力选出，这些团体跨越了不同地区和国家。这些影响者创造了与华为不同产品类别（从虚拟现实到自动驾驶和物联网）相关的数字内容，帮助国外市场的客户了解这些产品，更重要的是，了解其主品牌。

跨国公司也可以让国外市场消费者参与全球品牌战略的特定方面，如新产品开发和广告活动（特别是在知识产权政策和法规与全球标准完全一致的情况下时）。研究表明，在这样与产品或品牌相关的价值共同创造中，消费者的参与度越高，他们对品牌的忠诚度和持续参与度就越高。[16] 可能没有任何一家公司能像丹麦玩具生产公司乐高（Lego）那样，广泛地使用这种方法，并产生如此大的影响。乐高公司建立了它自己的数字平台，邀请世界各地的客户提出设计理念，允许他们给每个创意打分；这个过程不仅丰富了乐高的产品研发管线，也巩固了它的全球品牌地位。

重要的是，数字全球化战略包括部署标准化的全球数字资产——从全球数字平台到数字化流程，再到全球品牌红人。这些资产的应用产生的紧耦合具有高反应性（例如，可以在不同的国外市场迅速推出新的品牌方案），但在特定国外市场，其特应性却很有限。当民族主义和区域主题使国外市场的消费者充满情绪时，全球品牌也就不那么具有吸引力了——如果本土消费文化与全球消费文化截然不同——这样的品牌国际化推广工作效果往往较差（有时甚至是有害的）。在这样的市场中，首要目标应该是使品牌与当地价值观、传统和原创性联系在一起，以便国外市场的消费者能够认同当地对全球品牌的解读。[17]

与此同时，数字文化化战略包括以区域或本土话语重新诠释全球品牌，它意味着在国外市场上全球品牌与品牌本土化活动之间的松耦合。因此，这里使用的松耦合在本质上是解释性的：全球品牌被重新解读，从而弥合了全球品牌和本土消费文化之间的鸿沟。这样既能保持本土特应性，又不会危及公司对不断变化的市场状况做出反应的能力。

跨国公司可以通过两种方式实现这一目标。第一种方式是，新的人工智能和大数据分析技术可以用来识别适合公司全球品牌推广的市场中相关的当地文化理念和概念。例如，机器学习可以用于大规模挖掘当地的文化数据产品（歌词、电影对白、书籍等），以梳理出一个以后可以用于创新和交流的关键理念。作为一家消费品跨国公司，联合利华在过去几年，一直在使用这种方式。该公司负责消费者市场洞察部的执行副总裁斯坦·斯塔努纳森（Stan Sthanunathan）一直是这些努力背后的中坚力量。正如斯坦告诉我们的："现在，人工智能和机器学习让我们能够开发关键的洞察力和大创意，它能够改变你在特定市场传播品牌的方式……以一种对当地客户有文化意义或可理解的方式。"[18] 例如，联合利华在这方面的努力包括从宝莱坞（位于孟买的印度电影行业）的歌曲和电影对白中挖掘有趣的隐喻、新兴潮流和根植于当地文化和社会的关键理念，这些理念可用于品牌传播。这样的努力也会产生新的产品创意；从几首歌曲中解读出的冰激凌和早餐之间的关系，使联合利华旗下的子公司本杰瑞冰激凌厂（Ben & Jerry）推出了新的早餐冰激凌品牌。

在不丧失灵活性的情况下，跨国公司能够保持特应性的第二种方式，是找到当地红人，他们有能力依据当地消费文化，帮助公司重新诠释全球品牌，使其更接近国外市场客户。众多跨国公司，包括阿迪达斯、露露乐蒙、谷歌、卡尔文克莱恩（Calvin Klein[①]）、耐克、星巴克（Starbucks）、博柏利、丽思卡尔顿（Ritz-Carlton[②]）、联合利华和奥多比（Adobe[③]）在内，都采用了这种方式。例如，博柏利联名中国本土影响者包先生（Mr. Bags），也就是拥有全网粉丝 900 多万的时尚大师梁韬，来推出新的手袋系列。这一战略使该公司得以重新诠释其品牌，并在中国消费者中引起极大的共鸣。此类战略的影响范围和有效性也非常明显。例如，2020 年 7 月，一款限量版的新口袋包在一分钟内售罄。重要的是，这一新款皮包只在包先生的微信平台售卖；甚至在博柏利自己的平台上都买不到这款包。

在中国，作为其社区建设战略的一部分，露露乐蒙已经建立了本地微信群；这使得该公司能够不再依赖某个红人，而是让当地的小网红（通常指社交媒体上粉丝少于 5 万的人）群体把品牌传播给更广泛的消费者群体。正如品牌战略顾问哈里什·比约尔所言："在印度，当地小网红的运用与日益兴起的'为本地发声'运动或我称为（本土复兴）的运动很好地结合在一起，这使得很多国外跨国公司能够为它们的品牌打造一个更加本土化的故事情节。"[19] 其诀窍是将品牌的故事与小网红所代表（放大）的当地文化的一些关键元素联系起来，并相信其真实性，这反过来要求在选择小网红时非常谨慎。联合利

---

① 美国时装品牌，简称 CK。——译者注
② 万豪国际酒店集团旗下的奢华品牌，是首批引入奢华理念的美国酒店品牌之一。——译者注
③ 美国跨国电脑软件公司。——译者注

华已经开始使用人工智能技术，使其搜索这种小网红的过程更快、更有效。人工智能现在不仅用于根据人口和文化因素预选红人，而且还用于发现那些拥有假粉丝的人。

除了本土红人，区域数字平台的使用也可以让当地的品牌经理在如何与国外市场客户进行交流方面拥有更大的自主权。例如，通过使用区域数字平台，跨国公司可以更好地遵守特定市场实施的数据隐私法规。此外，在提高在国外市场渗透率的同时，使用区域数字平台可能使公司也能限制由于品牌方案设计或执行不当造成的潜在负面影响。营销危机——广义上定义为源于营销组合相关活动引起的公开负面事件——对任何公司造成的影响都可能是灾难性的（如产品危害丑闻、虚假广告、来源不当的产品成分和不道德的分销行为）。[20] 这样的危机可能会摧毁精心培育的品牌价值，造成重大营收和市场份额损失。因为数字平台的全球覆盖加剧了这些负面影响，高度本土化或区域化的数字平台，以及全球和本土品牌之间的松耦合，可能会在一定程度上抑制这样的负面影响。

数字全球化和数字文化化战略表明，在利用数字技术与各种各样国外市场的客户建立品牌关系方面，存在两种截然不同的方式。重要的是，它们包含了不同的参数——全球或本土影响者的利用、与本土文化物件联系的性质和程度，以及如何使用全球或区域数字平台和基础设施。通过仔细考虑这些参数，公司还可以制定代表数字全球化和文化战略的不同风格的战略。例如，以宝马公司在中国销售其新款运动型多用途汽车（SUV）所采取的战略为例，该公司希望保留其全球品牌形象，但认为其全球数字平台在中国的知名度有限。因此，宝马公司在腾讯位于不同区域的社交平台上创建了一个虚拟车展，展示了其在全球最受欢迎的系列产品。近千万人次观看了这场车展，它反过来帮助该公司在中国迅速提高了其新车型的知名度，同时也强化了其全球品牌的形象。

## 总结

本章以这样的问题开始：全球化和本土化的力量如何塑造跨国公司的市场准入和客户连接战略？这些战略又是如何被数字技术和平台重新定义的？

我们的答案包括两组典型战略：

1. 全球渠道整合和数字化优先。这指的是跨国公司进入国外市场、建立其销售运营的方法。

2. 数字全球化和数字文化化。这指的是公司将其全球品牌与国际客户连接的方法。

我们的讨论还揭示了仔细分析基本参数的重要性——无论是数字和实体渠道之间的整合程度，还是与当地文化物件的连接性质——以实现国外市场环境所需的最佳耦合程度的战略。

因此，跨国公司可以根据在国外市场存在的本土和区域化力量的性质和强度，以数字方式调整其全球客户和市场战略。虽然这一点是显然的，但大多数跨国公司会在相当广泛的国外市场开展业务——有些市场高度全球化，其他的则全球化程度不怎么样。那么，一个严峻的挑战就是要确保整体客户战略在不同地区和市场是一致的。营销活动和品牌信息缺乏这种一致性可能会令消费者感到困惑。

要建立这种一致性，第一步应该是理解本土化得以产生的维度，即销售运营(渠道)和品牌创建两个方面。具体来说，正如前文所述，就三个关键维度而言，国外市场可能与公司全球化程度更高的市场截然不同：政府政策（法规）和其他机构影响，当地基础设施的性质（实体和数字），以及消费者价值体系和行为。公司应该针对每一个问题制定更加广泛的战略。例如，如果公司的全球数字平台与市场的区域数字基础设施之间存在相当大的差距，它应该采取什么方法？如果在不同的国外市场采用同一种方法，以适应基础设施方面的差异，一致性程度就会更高。换句话说，当本土化力量强大时，虽然松耦合能够帮助跨国公司保持特应性，但在不同国外市场，这种松耦合的应用方式也应该保持一致。在世界范围内，这可以更好地协调公司的客户连通性战略和资源。在第十章，我们将再次谈及一致性这个问题。

在第四章，我们将讨论数字化全球商业连通性的第二个维度：与全球合作伙伴、平台和生态系统的连通性。

# 第四章

CHAPTER 4

## 数字连通全球合作伙伴、平台和生态系统

Yelp2004 年创建于美国旧金山，因其用户对本地餐厅和
企业的点评而著称。虽然该公司在北美取得了巨大成功，但
多年来，在美国和加拿大之外，它却举步维艰。从 2010 年左
右开始，为了把业务扩张至欧洲、亚洲和南美洲，Yelp 做出
了大量努力。在欧洲，该公司通过收购德国的餐厅评论网站
Restaurant-Kritik 和法国的 Cityvox 公司，来实施战略扩张。在
墨西哥、日本和阿根廷等国，Yelp 也推出了网站。到了 2013
年，该公司的国际业务营业收入已上升至其总体业务收入的
4.6% 左右。然而，Yelp 在海外市场的成功并不持久。到了
2015 年，其国际营收占比下降至 2.2%；到了 2016 年，该占比
为 1%。它的国际广告主只有不到 500 家（贡献了约 200 万美
元的收入）。所以，2016 年 11 月 2 日，Yelp 宣布将大幅削减
北美以外的业务，实际上是停止了国际扩张的脚步。

那么，是什么打乱了 Yelp 的国际扩张计划呢？

答案很简单，就是对数字平台的依赖性。Yelp 越来越依
赖谷歌的搜索平台算法来吸引访客。在国内市场，它可以用自
己丰富的专有评论内容（内部资产）平衡这种依赖性，但在大
多数国际市场，该公司的评论内容要少得多，面临的竞争对手

更多，这使得 Yelp 特别容易受到谷歌搜索平台变幻莫测的影响。例如，当谷歌开始减少推送"有机"搜索结果（由其算法生成），更多地推出"垂直"搜索结果时（谷歌根据自己的数据提供），Yelp 的产品点击量就开始下降（评论和评级）。[1] 正如该公司在 2016 年指出的，它未能"在国际无偿搜索结果中突显我们的内容，这打破了我们对自己的国际市场所预期的网络效应，这种效应是基于我们在国内的经验，即内容增加，流量就增加"。[2]

Yelp 在国际市场的举步维艰凸显了两个重要问题，它们就是本章的重点。首先，初创公司和老牌公司都逐渐意识到，它们的未来不仅取决于它们在内部做什么，也取决于它们是如何与不同类型的合作伙伴打交道以及如何合作，从而为客户创造和传递价值。因此，在国际扩张中，促进这种价值共创的数字平台和生态系统扮演着越来越重要的角色。与此同时，存在于这种商业生态系统中的关系可以从根本上改变公司的国际前景。Yelp 的例子就证明了这一点。此外，这些平台和生态系统背后的一些关键假设——例如，平台在不同市场的核心价值主张的相关性、数据和数字资产跨境传输的便捷性，以及生态系统成员之间的共同目标——日益受到持续增长的本土化力量的质疑。因此，在国外市场上，跨国公司的持续成功，要求它不仅理解和管理数字平台和生态系统造成的依赖性，还要求它调整战略，适应不同国际市场上活跃的各种类型的本土化和区域化力量。

因此，在本章，我们将探讨两个问题：数字平台和商业生态系统如何重新定义跨国公司的国际扩张战略？这些平台和生态系统战略该如何适应不同国外市场的全球化和本土化力量？

在讨论这些问题之前，让我们进一步阐述三个主要趋势，它们共同表明了这些问题的相关性和重要性。

第一，截至本书创作时，没有哪个行业能够免受数字平台和生态系统的影响。我们在很多行业看到的一波又一波强劲的数字化浪潮，意味着公司必须把它的产品不仅视为独立实体，还必须将其看作更广泛的连接系统中必不可少的一部分。这些产品越来越多地包含数字资产；数字资产易于传输，能够轻松跨越国界和组织边界进行流动，并以不同形式进行改变和重组，以满足特定国外市场的需求。这一切增加了数字平台和生态系统的相关性，使其超越了常规数字领域（如消费级电子产品、企业软件），进入范围广泛的其他行业（包括汽车、电力、卫生、教育和制造业）。

第二，数据如今成为跨国公司最有价值的资产（数据产生智能），它是公司数字平台和生态系统战略的核心。平台具有全球影响力的关键的前提是，这些数据可以在国家之间自由流动，产生额外价值。随着世界上几乎所有地区的政府制定政策和法规，限制公司跨境（甚至在公司内部，从设立在一个国家的子公司到位于另一个国家的公司办公室）传输数据的方式、时间和程度，这一前提正日益受到质疑。一些数据政策的制定是为了保护消费者权益（如欧盟的《通用数据保护条例》①或俄罗斯第 242-FZ 号联邦法②），但其他政策则与各国的利益有关，它们意在保护税收收入，使其免受全球数字平台销售的影响（如法国的数字服务税）。无论出于何种动机，这种针对数据流动的本土化壁垒要求公司采取适当的区域性平台战略，使它们仍然能够从自己的平台和生态系统中获益。

第三，平台和生态系统的价值很大程度上取决于用户基础的规模。一方面，遍及全球的庞大用户基础能大幅度增强跨国公司的市场势力（和利润）。在面向消费者的平台（如脸书、爱彼迎）和面向企业的平台（如阿里巴巴），这类例子不胜枚举。与此同时，这样的全球用户基础也表明了与区域和本土化力量有关的至关重要的潜在依赖关系。

这表明，公司在策划和参与全球平台和生态系统的战略时，应该考虑它们开展业务的国外市场的独特性——具体来说，就是它们的全球化或本土化程度。接下来，我们将确定设计元素，这是进一步探讨这一问题的关键。

---

① 欧盟一个合并的法律框架，旨在确保保护"自然人的基本权利和自由，特别是保护个人数据的权利"。——译者注

② 该法第二条规定："该法律要求必须使用位于俄罗斯的服务器来处理俄罗斯公民的个人数据。处理俄罗斯公民个人数据的运营商必须及时将其存储数据的服务器位置上报给俄联邦电信、信息技术和大众传媒监督局。"——译者注

## 与全球平台和生态系统紧耦合和松耦合的要素 🌐

关于数字平台和商业生态系统，我们定义了公司数字化全球商业连通性的两个要素：平台－市场连通性和公司－生态系统连通性。

第一个要素，即平台－市场连通性，指的是在价值主张、数字资产和数据基础设施方面，公司的数字化商业平台如何与国外市场连接。公司的平台可以专注于在不同国外市场应用相同的核心价值主张和数字资产，或者它可以使其价值主张和数字资产专门化，以适应区域（本土）政策及市场需求——实际上，就是在全球和区域平台战略之间进行选择。同样地，公司可以选择将平台嵌入全球数据基础设施或区域数据基础设施中。正如我们接下来将更详细地讨论的那样，这些选择的不同组合会产生不同的战略，公司可以对这些战略进行调整，以适应不同国际市场上的全球化和本土化程度，并允许不同程度的紧耦合和松耦合。

第二个要素，即公司－生态系统连通性，指的是公司如何管理与不同国外市场的合作伙伴的关系，以及如何在商业生态系统中协调价值创造。在此，我们考虑两个主要方面——公司与其国外市场的生态系统合作伙伴的业务范围，以及公司在生态系统中发挥的控制和协调的性质。基于这两个因素，我们考虑在公司－生态系统连通性中转化为紧耦合和松耦合的战略或方法。

在每个要素中，紧耦合代表在平台主张的价值方面的更高水平的标准化、在国际市场上如何部署数字（数据）资产以实现其价值以及公司与国际合作伙伴更高层次的接触、互动和合作。所有这一切能够提高平台（生态系统）在全球层面的整体反应性，但代价是失去其在本土市场的特应性。另一方面，松耦合的方法——特点是核心价值主张和数字资产的变体以及合作伙伴参与的更加本土化的领域——使跨国公司的平台和生态系统能更好地反映和适应当地情况（即拥有更多特应性）。

接下来，我们将更详细地说明这两个要素。

## 平台－市场连通性和数字资产在国外市场的部署

### ● 数字资产和数字基础设施

当跨国公司向国外市场扩张时，它们的首要目标是在这些市场部署自己独特的内部或公司特有的优势或资产，以获得营收。通常情况下，公司可能需要将这种自身特有资产与国外市场合作伙伴的特有资产结合起来，以创造价值，满足当地市场需求。数字化已经将公司很多特有资产转换成便于携带、易于修改和结合的数字资产。换句话说，与非数字化的公司特有资产相比（如公司在母国的声誉），数字化的公司特有资产更容易跨越国界、进行修改以及与合作伙伴的特有资产相结合。平台为这一切的实现提供了结构和场所。

当然，在进入国外市场时，公司需要做的关键选择包括它们想把哪些数字资产转移到这个市场、要在多大程度上对这些资产进行改变，和（或）在多大程度上与合作伙伴的资产进行结合。所有的这些决定必须考虑国外市场的特点，包括公司核心价值主张的相关性，以及有关外国数字资产的转移和使用方面现行的当地政策和法规。

同时，数字平台并非在真空中运作，其取决于部署数字资产和用户访问这些资产所需的数字基础设施的性质和质量。正如我们在第二章所讨论的，数字基础设施在不同国家差异较大。在一些国家（如欧盟各国），数字基础设施遵循全球标准。然而在其他国家，数字基础设施可能更封闭，更区域化。因此，随着公司寻求机遇，扩大其产品覆盖范围，另一个需要重点考虑的因素是如何将其平台嵌入本土或区域化的数字基础设施之中。公司平台在本土数字基础设施中嵌入得越深，公司就越有机会打入国外市场。然而，这也可能会限制包括数据在内的数字资产在公司母国和国外市场之间来回流动的程度。

因此，在平台背景下，数字资产和数字基础设施为公司在国外市场设置了关键选择。公司是应该坚持通用的全球平台（对公司的数字化特有资产进行最小改变的平台），还是应该部署一个经过修改的数字化区域平台？公司是应该坚持采用全球数字基础设施，还是应该使其平台与区域数字基础设施的特性更加紧密地结合？正如我们接下来要讨论的，公司在所有这些领域所做的选择，将决定公司平台与国外市场的耦合程度。

● **平台－市场连通性的紧耦合与松耦合**

根据区域和本土化力量的性质和程度，我们将考虑平台－市场连通性的两种广泛的方法或战略：全球平台战略和区域平台战略（见表4-1）。

表4-1 平台－市场连通性战略

| 战略 | 区域和本土化力量强度 | | | |
|---|---|---|---|---|
| | 政府法规和政策 | 数字基础设施 | 商业文化 | 耦合本质 |
| 全球平台 | 低 | 低 | 低到中 | 紧耦合 |
| 区域平台 | 中到高 | 中到高 | 高 | 松耦合 |

我们先从全球平台战略谈起，它包括对嵌入全球数字基础设施中的跨国公司的全球数字资产进行部署。这关乎平台核心价值主张的相关性，以及国外市场普遍存在的全球化数据和数字基础设施、政策和法规。

以易集（Etsy）为例。这家总部位于纽约布鲁克林的美国公司于2005年成立，它推出了一个数字平台，为手工、复古制品和工艺用品提供全球市场。截至本书创作时，易集在全球大约有430万个卖家，每年生产6000多万件独特商品，买家人数约为8200万。该公司10多亿美元的营收中，有近40%来自国际业务。

易集的平台在世界很多国家都可以使用，但该公司主要专注于搭建一个全球平台，它在不同市场的差异很小。在某种程度上，这反映了一个事实：它的大部分收入来自6个国家，即美国、加拿大、德国、英国、法国和意大利。正如易集首席技术官迈克·费舍尔（Mike Fisher）所说："（易集）专注于六大市场。在其他地方，它都处于自动模式，我们的投资有限。"[3]

因为这"六大"市场恰好处于相当全球化的环境中，该公司有能力部署其数字平台和资产，而无须做出多少调整去适应当地条件。易集平台的核心价值主张在所有这些市场都保持了相关性，因此很少需要修改公司的数字化特有资产。在一些国家，易集确实有合作伙伴在使用它的开放应用程序接口编写应用程序。但总的来说，这些合作伙伴的应用程序是为了满足特定国家卖家的需求。例如，在一些国家，易集平台的卖家通过多种渠道接触客户，因此合作伙伴会开发应用程序帮助其通过不同的渠道同步盘点库存。同样，在其他一些国家，这类应用程序提供语言翻译服务。然而，易集平台的整体组件和功能在不同的国外市场是相同的。此外，该公司依赖通用的全球数字基础设施来运营其平台。再者，这六大市场都遵守类似的数字基础设施标准和技术，这使得该公司能够采用共同的战略。

正如费舍尔指出的，这样的全球平台战略"到目前为止，让我们（易集）限制了自己的海外投资，并保持了精益运营"。[4] 实际上，它使易集能够在不显著牺牲国际销量的情况下提高整体效率和反应性。然而，随着该公司向亚洲和南美洲开拓新的市场，这些市场的特应性要求更高，易集可能需要重新审视其平台战略。

例如，大约从 2013 年开始，易集平台上就有印度卖家，但该公司从未在印度设立办事处。2018 年，这一情况发生了变化。就在那一年，易集启动了它的印度业务，但公司决定只关注印度卖家，而不是同时关注印度卖家和买家。易集这样做是有原因的。该公司仍然按照一贯做法部署其全球平台（就像它在欧盟国家所做的那样），并把印度视为一个出口国。因此，全球平台和该公司的数字化公司特有资产仍然可以应用，而无须做出多少改变，因为印度产品将主要由六大市场的客户购买。正如易集印度业务负责人希曼舒·瓦尔丹（Himanshu Wardhan）告诉我们的，该公司"根据当地的数字基础设施，确实做出了一些调整"。[5] 例如，易集的业务要求卖家通过台式电脑注册，但大多数印度卖家使用手机，而不使用台式电脑或笔记本电脑。因此，易集的印度办事处部署了一大批助手，让他们亲自前往印度各地的卖家所在地为其注册。

如果平台只是针对印度卖家，那么所有这些调整都没问题。但如果易集对印度买家感兴趣的话，那它或许就需要重新考虑其平台战略了。印度电子商务市场正在迅速发展，其体量预计到 2023 年年底将达到约 910 亿美元。[6] 因此，面向印度买方市场的机遇是巨大的。与此同时，公司也需要认真考虑本土化力量。例如，印度数字基础设施的某些方面与易集现有市场上所面临的不同，如大中型城市以外的数字连通性质量。同样，印度买家的电商行为在某些方面也有所不同，如支付偏好。所有这一切可能意味着易集需要摆脱对其全球数字资产的依赖，在更大程度上将其平台本土化，至少是针对它的印度方案。

事实上，当公司进入更加碎片化、更容易受到本土和区域化力量影响的海外市场时，区域平台战略显著性就更高。这种战略包括调整跨国公司的数字化特有资产，以适应国外市场条件和（或）将数字化特有资产嵌入区域（本土）数字基础设施。我们将讨论两个例子，说明采用区域平台战略的时间和方式。

我们设想一种情况，在这种情况下，本土和区域化力量适度。例如，数据政策或数字基础设施可能是本土化的，但贸易政策和商业惯例不是。在这种情况下，公司的全球平台和数字资产有可能在很大程度上仍然可以应用，但也许需要做出一些调整，以适应本土数据（数字）基础设施和政策。

总部位于孟买的印度企业集团埃迪亚贝拉的数字平台方案就是一个例证。正如我们在第二章所述，埃迪亚贝拉在 30 多个国家开展业务，其收入的 50% 多来自国际业务。近年来，该公司进行了大量投资，意图创建一个强大的、可高度扩展和移植的平台，该平台将对其操作流程和资产数字化（用于管理其在不同地区的工厂和其他部门的设备和业务）。鉴于该集团在水泥、金属、纺织和化工等制造业领域的巨大影响力，其初步重点是为这些企业创建数字资产和平台的全球战略组合，以提高运营效率和业务绩效。

基于人工智能和数据分析的平台将其运营的几个方面进行了数字化和模块化，特别是生产车间不同实物资产（机器和其他设备）之间的相互作用，以及实物资产和人力资产之间的相互作用。该公司正致力于将数字平台对外开放，允许其全球合作伙伴以不同的方式连接这些数字资产。埃迪亚贝拉集团的首席数据和分析官迪普·托马斯告诉我们："我们的指导目标是开发数字和人工智能平台。在平台的基础之上，我们可以为各个部门制定、部署和扩展各种解决方案和使用案例，然后在不改变核心功能的情况下，对它们进行调整，以适应我们在任何一个国家运营的任何业务领域。" [7]

在数据政策和其他数字基础设施法规较为严格的国家或地区，即便更为紧密地嵌入了当地数字基础设施，公司的数字平台资产仍然可以在做出少许变化的情况下进行部署。在欧盟等有具体数据隐私和安全政策的地方，埃迪亚贝拉集团采用的就是这一策略。例如，一个平台使用了人工智能、计算机视觉和面部识别技术，以监测石油泄漏、人们在不安全的工作区域的活动以及其他与安全相关的事件。[8] 当这种交互活动是在匿名状态下进行时，数字资产可以移植到公司在不同国家的不同企业。即使当交互活动涉及人员信息识别，尽管被区域数字基础设施包围，也可以部署同一数字资产。所有这一切关乎提高平台在当地基础设施和其他情况方面的特应性。

当政府数据政策（法规）和数字基础设施存在显著差异时，公司也许需要认真选择其全球数字资产中哪些元素是相关的，并为国外市场重建平台；从本质上讲，它们需要创建一个更适合当地情况的区域平台。

德国跨国制药和生命科学公司拜耳以 630 亿美元收购了

总部位于美国的生物技术公司孟山都（Monsanto），后者是转基因作物的主要生产商。此次收购为印度带来了农业行业领先的数字农业平台 Climate FieldView™。[9] 该平台于 2018 年推出，已部署在不同的市场，包括至少 15 个欧盟国家，以及阿根廷和巴西。该平台为农民提供了一系列数字工具，方便他们收集和存储全年操作的数据，快速有效地优化他们的决策，从而帮助农民最大限度地减少作物投入，同时提升其产量潜力。

然而，Climate FieldView™ 平台主要适用于拥有相当大农田面积的农民。在印度，情况却并非如此。大多数印度农民都自给自足或者是耕种土地面积不到两英亩①的小农，因此不适用于（甚至不需要）复杂的数字平台。此外，印度的数字基础设施仍在不断发展，当地农民主要把低端智能手机作为自己的主要数字工具（互联网连接延迟高）。尽管印度政府已经采取了一些措施来发展数字农业，但仍然存在的法规和政策——与农业、数据安全和隐私相关——带来了其他挑战。

所有这一切都为本土化提供了理由，因此拜耳公司采取了措施，为印度市场重塑其数字平台。拜耳作物科学部门副主席兼总经理 D. 纳瑞恩（D. Narian）告诉我们："很显然，数字工具也将彻底改变印度农业。然而，我们所有人需要弄清楚的是，印度农民的关键问题是什么，我们该如何以传递价值的方式引入我们的数字平台的特定层级和组件……我们正处在此旅程之中。"[10]

---

① 英制单位。1 英亩约合 0.4 公顷。——编者注

具体来说，该公司正在利用其 Climate FieldView™ 全球平台的功能，为小农户重新构建功能。为此，该公司在印度组建了一个团队，开发并开始测试模型。FarmRise 是一款基于安卓的应用程序，它采用了 Climate FieldView™ 的架构和经验教训，同时包含了针对印度背景开发的新的数字资产，以及印度生态系统合作伙伴提供的资产。[11] 该应用程序提供与小农户相关的农事信息和建议（例如，本土商品市场价格、与农业相关的印度政府计划的信息，以及针对特定作物的建议），使其能够做出符合当地具体情况的决定。正如纳瑞恩指出的："很显然，气候公司①（Climate）是这项工作的支柱，但与此同时，我们在印度拥有一个由多家初创公司组成的生态系统，我们让其他公司能够参与到我们新的解决方案中……所以我们将以此方式来创建这个系统。"因此，拜耳公司的更大目标是将公司的全球数字平台本土化，以适应印度农业环境所带来的独特市场、监管和基础设施等问题。

这样的区域平台战略代表了松耦合，它增强了平台在国外市场的特应性，同时又不失其反应性（相对于拜耳公司的全球平台）。反应性可能基于公共或共享架构或某些核心资产，但特应性源于本土化的数字资产和（或）其嵌入本地数字基础设施中的内容。如表 4-1 所示，在以本土化政策和法规——与数据、工业或基础设施相关——为特征的国外市场中，这种战略具有特殊的相关性。

---

① 拜耳旗下子公司。——译者注

## 公司－生态系统连通性

跨国公司与其商业生态系统和国外合作伙伴的联系也需要根据本土和区域化力量的强度进行设计。这两个重要方面决定了公司与全球合作伙伴的合作范围，以及它在生态系统中部署的控制和协调的性质。我们建议采取这两大战略：数字化拥抱和数字化握手（见表4-2）。

表4-2　公司－生态系统连通性战略

| 战略 | 区域和本土化力量强度 | | | |
|---|---|---|---|---|
| | 政府法规和政策 | 数字基础设施 | 企业文化 | 耦合本质 |
| 数字化拥抱 | 低 | 低到中 | 低 | 紧耦合 |
| 数字化握手 | 中到高 | 高 | 中到高 | 松耦合 |

数字化拥抱战略意味着，以共同的目标和价值观为主要基础，在价值创造（从创新到运营）方面与生态系统合作伙伴进行广泛合作，并在各种价值创造活动中进行紧密的数字化协调。这种方法包括与合作伙伴在更大程度上共享数字资产和其他资产，协调相关活动，如以各种方式修改和重组这些资产，从而在不同的市场背景下创造价值。然而，这种与国外合作伙伴广泛、密切的关系也造成了程度更深的相互依赖。反过来，这需要制定一套共同的规则和政策，减少合作中某一方获得不

当优势的机会，降低合作中的整体不确定性。此外，当公司的国内和国外市场之间的法规（政策）和企业文化重合度较高时，该公司就有可能采取更加直接的协调手段。因此，通常情况下，全球化程度更高的市场环境为跨国公司提供了更加适宜的环境，使它们能够以数字化方式拥抱生态系统合作伙伴。

另一方面，当本土和区域因素在国外市场中发挥了较大作用时，跨国公司及其国外合作伙伴可能更加难以找到共同基础——合作范围缩小，更加强调数字监控而不是数字协调；这就是我们所说的数字化握手战略。换言之，与反映数字化支持、协作方式的数字化拥抱战略相比，数字化握手战略反映的是数字化支持的松散型关系或交易关系。例如，公司的国内和国外市场在知识产权相关政策方面的差异，可能对在创新方面与合作伙伴深入合作构成重大挑战。当"谁拥有什么"这一问题得不到明确回答时，公司可能会觉得有必要缩小它们直接合作的领域。同样，商业文化的差异（跨国公司母国和国外市场之间）可能会限制采用共享的生态系统层面的价值观和规范，迫使跨国公司在与国外合作伙伴合作时，采取严密限制、范围狭窄的（交易）合作，将其决策过程非公开化，从协调合作伙伴活动过渡到监控合作伙伴活动（通过提高数字化能见度）。

以飞利浦公司医疗保健部门在美国和加拿大发展其生态系统的方式为例。[12] 这家总部位于阿姆斯特丹的荷兰跨国集团公司推出了名为 HealthSuite 的数字互联健康平台，该平台提供了大量基于云端服务的功能，可连接多个医疗设备，收集电子健康数据，汇总并安全地分析数据，并在云端创建解决方案。飞利浦主要专注于北美市场，为了扩大其平台的覆盖面和范围，它已经开始建立合作伙伴生态系统，包括其他医疗保健供应商（医院）、医疗设备公司以及技术公司。在此过程中，该公司采用的主要方法是数字化拥抱战略。

飞利浦已与包括凤凰城儿童医院（Phoenix Children's Hospital）、班纳健康（Banner Health）和马林综合医院（Marin General Hospital）在内的众多医疗保健供应商，建立了长期、共同目标和价值观驱动的亲密合作伙伴关系。例如，它与加拿大的麦肯齐健康中心（Mackenzie Health）的合作关系包括"作为核心创新合作伙伴，为智慧医院和延续性社区护理提供未来的解决方案"。[13] 同样，它与几家科技公司（包括企业计算公司）建立了密切的合作关系，以进一步提升生态系统传递的价值。例如，飞利浦与美国数字健康平台 Validic 合作，将第三方设备（如可穿戴健身设备、远程监控设备和健康应用程序）的消费者生成数据引入飞利浦的 HealthSuite，结合患者的电子病历和其他临床数据源，进行整合和分析。这些以及其他类似的生态系统成员和合作伙伴协议很好地分享和整合了数字和数据资产，提高了飞利浦平台的价值。

在北美以外地区，飞利浦也采用了这种数字化拥抱战略。例如，在韩国，飞利浦与三星合作，这样它们就可以使用彼此的数字资产和平台。[14] 具体来说，两家公司将整合各自的平台和生态系统——三星的 ARTIK 智能物联网平台和飞利浦的

HealthSuite 平台——利用集成数据集和服务，如高级健康分析，实现可互操作的互联健康解决方案。

在中国市场，该公司采取了一种不同的方式，其特点是与合作伙伴的合作范围更小。飞利浦在上海建立了一个创新中心（研发中心），但它与中国领先科技公司的合作关系基本上都是基础设施性质的。例如，它与华为合作，利用其云平台部署飞利浦的产品。同样，它与百度、阿里巴巴、腾讯合作，利用它们不同类型的数字基础设施，借以扩大飞利浦核心产品在中国的覆盖面和范围。该公司正在与其中一些公司研发某些创新项目（如与华为开发基于人工智能的解决方案），但此类项目的范围有限，主要目标是服务中国市场。重要的是，这些项目很少涉及与合作伙伴共享数字资产和其他知识产权。

拜耳在印度的生态系统战略就是这两种典型战略的结合体。正如此前所述，该公司已经开始着手一个项目，准备为印度农民开发本土化数字平台。在此期间，拜耳也开始创建自己的生态系统，以支持其在印度的数字计划。2018 年，拜耳成立了"更好生活农业联盟"，该联盟汇集了农业价值链上的全球和当地合作伙伴，帮助小农户释放其农业潜力。在印度，"更好生活农业联盟"由拜耳公司和一些其他组织牵头，包括国际金融公司（世界银行集团成员）、耐特菲姆（Netafim[①]）、

---

① 以色列跨国公司，发明了滴灌技术，全球精准农业领导者之一。——译者注

雅苒（Yara①）、DeHaat②和"大篮子"（Big Basket③）。

拜耳的数字平台和能力是这一联盟的关键组成部分，但该公司与生态系统合作伙伴的互动介于数字化拥抱和数字化握手战略之间。例如，拜耳与印度农业科技平台 Agribazaar 合作，该平台为小农户提供在线市场。一方面，这一合作关系是一种松散型联营，它使参与拜耳"更好生活农业联盟"的农民在 Agribazaar 平台售卖自己的农产品时，能够获得更高的售价。与此同时，拜耳与 Agribazaar 建立了更紧密的合作关系，包括整合它的个人平台服务，使拜耳能够将其作物咨询服务的覆盖范围扩大到 Agribazaar 平台上更多的农民。同样，拜耳还与印度烟草公司（ITC）的农业事业部合作，通过印度烟草公司的 e-Choupal 4.0 数字平台，扩大其作物保护产品的覆盖范围。

从更广的角度来讲，这些例子说明了公司－生态系统连通性的两种原型；重要的是，它们还说明了中间立场战略的可能性。更广泛的参与和数字化协调意味着频繁的互动、资产共享，以及公司与其生态系统合作伙伴之间更紧密的整体耦合。在美国和飞利浦母国之间，贸易政策和法规、数字基础设施和

---

① 雅苒国际集团，化肥和环境保护应用产品生产、开发及销售的挪威大型跨国企业，世界最大的矿质肥料生产及供应商。——译者注
② 印度农业服务和产品在线市场公司，为农民提供定制的投入、咨询、金融服务和市场联系以进行分销。——译者注
③ 印度最大的在线杂货商，主营蔬菜、牛奶、化妆品、厨具等日用百货。——译者注

商业文化更加协调一致，该公司得以和合作伙伴实现更紧密的耦合。同时，在国外市场，采用共同价值观、共同规则和政策的必要性可能会限制合作伙伴的数量和多样性，从而限制其生态系统创造的价值在当地的特应性。然而，在中国，飞利浦面临着截然不同的知识产权政策和商业文化，以及更加区域化的数字基础设施，因此需要与合作伙伴建立更松散的耦合，以实现更大程度的特应性（本土化数字平台）。当区域数字基础设施这样的本土化力量与全球化知识产权政策等全球化力量并存时，拜耳在印度的案例表明了该公司对生态系统连通性的选择。

请回顾一下 Yelp 对谷歌搜索算法的依赖及其在欧盟市场进行国际扩张时所遇到的问题。当跨国公司在国外市场的发展依赖于另一家公司拥有的互补性资产时，认真评估该市场本土化力量的性质和强度，并在此基础上采取适当的战略，就变得更为关键了。Yelp 案例表明，缺乏这种基于背景的关系，可能会显著降低跨国公司在该市场的特有资产价值，阻碍其在该市场的发展和财富增长。更重要的是，在许多国外市场，本土化力量是动态的；这反过来要求跨国公司不断重新评估在世界不同地区的生态系统中连通性的性质。

## 总结

本章以这样的问题开始：数字平台和商业生态系统如何重新定义跨国公司的国际扩张战略？它们的平台和生态系统战略

应如何适应不同国际市场中发挥作用的全球化和本土化力量？

我们的答案包含了两组典型战略：

1. 全球平台战略和区域平台战略。这指的是跨国公司的数字化业务平台如何在其价值主张、数字资产和数据基础设施方面与国外市场连接。

2. 数字化拥抱和数字化握手。这指的是跨国公司如何管理其与不同国际市场合作伙伴的关系，以及如何在这些国家的商业生态系统中协调创造价值。

我们的讨论还表明，需要认真考虑中间地带战略——包括将全球数字资产与区域基础设施结合起来，或将与国外合作伙伴的互动和接触范围限制在特定的一系列价值创造活动中；这些价值创造活动提供了最佳程度的紧耦合或松耦合，以满足国外市场环境的需求。

很显然，跨国公司可以根据本土化力量的性质和强度来调整它们的合作伙伴、平台和生态系统战略，以适应不同的国外市场条件，但同样明显的是，大多数跨国公司在相当广泛的国外市场开展业务，有些市场高度全球化，有些则并非如此。此外，有些跨国公司可能在一个海外国家运营着多个平台，面临的本土化力量却千差万别。

例如，作为中国的跨国集团公司，腾讯在不同产业和行业——从游戏、社交媒体平台到金融技术和基于物联网的制造平台——以及不同国外市场，管理着多个平台（每个平台都有自己独立的生态系统）。由于中国的应用程序分发的生态系统非常碎片化，有 200 多个市场，腾讯花了数年时间才协调好它的多个平台——最终，它在 2014 年成功推出了腾讯开放平台。如今，这个综合平台可以让 3 亿左右的开发者通过一系列平台发布应用程序，如腾讯应用商店、腾讯 QQ、微信、QQ 空间和 QQ 游戏，从而快速从腾讯庞大的用户群中吸引数百万用户。然而，对腾讯而言，确保其平台和生态系统战略在不同产业和区域市场保持一致，仍然是一大挑战。

在不同的国际市场，采用临时性的和相互冲突的战略很可能会产生相当大的间接成本（如解决与国外合作伙伴的争议所投入的时间和精力），导致跨国公司的平台在全球范围内创造和传递价值的方式不一致。要解决这一问题，有两种可行路径。第一，我们在此提出的框架——具体来说，关注国外市场背景下的三个维度：贸易政策（法规）、基础设施以及文化——可以作为公司制定更一致的全球战略的基础。跨国公司可以在其所有海外子公司中设计和推广一套完全一致的战略，以解决与特定类型本土化力量相关的同类问题——例如，公司母国和国外市场在数据安全和隐私政策方面的差异。第二，除了利用这样的框架来制定战略，公司在处理海外市场不一致等相关问题时表现出的不同类型的能力也同样重要。我们将在第十章再次讨论这一问题；彼时，我们将讨论跨国公司需要投资的员工、业务部门和组织层面的能力，以保持其数字化全球商业连通性的整体视角。

接下来，我们将考虑公司如何通过数字化管理其全球业务和活动。

# 第五章

CHAPTER 5

# 数字连通国外子公司、管理全球业务

　　跨国公司往往由一群地理位置分散、目标各异的组织构成，这些组织包括总部和国外不同的子公司。国外子公司必须遵守其所在国的法律以及母公司所在国的某些法规。因此，跨国公司必须保证国外子公司的差异性，以便它们能够成功应对与母国迥然不同的文化、市场和商业实践，但为了给公司业绩做出最大贡献，子公司与母公司必须要在一个协调一致的结构内。

　　联合利华是一家跨国消费品集团公司，其产品销往全球190多个国家，它的历史很好地说明了许多跨国公司在与国外子公司及其业务联系时所面临的困境。在其成立初期的很多时间里，联合利华的国外子公司都是独立运营，主要以财务目标和业绩两种方式向总部负责。在不同国家的子公司之间，供应链一体化程度有限，或者，这些子公司之间任何其他功能的一体化也是有限的。但从20世纪90年代初期开始，这一切就发生了变化。集团要求不同子公司之间提高全球业务一体化水平的呼声日益高涨。一方面，由外部压力所致，集团亟须降低成本和提高运营效率。与此同时，集团不同部门的数字化水平日渐提高，使这样的一体化具备了可行性，甚至是具有吸引力的。在接下来的 20 年左右时间里，联合利华在全球人力资源、全球供应链、全球营销和全球财务管理方面进行了大量投资。但在几年前，随着本土化力量在世界各地崛起，一体化的钟摆开始回摆。例如，在亚洲，人们重新对一些业务进行拆分，使国外或区域内的子公司在营销、物流和其他职能领域能享有更大的回旋空间。

这种一体化–拆分困境并非只存在于联合利华。如今，大多数跨国企业都面对一种像是要将它们同时拉向两个方向的全球商业环境。但是，全球一体化是很有必要的，原因有以下几点。

部门间共享、学习和资源流动需要公司内部广泛协调和精心组织。为了培养这种共享，很多跨国公司将不同的全球任务分配给不同子公司。例如，西门子在日本的子公司与朝日英达医疗①（Asahi Intecc Medical）进行合作，在全球范围内负责生产紧凑型磁共振成像（MRI）设备，而其在新加坡的子公司则负责营销和分销这些设备到世界各地。为了执行这种在全球范围内相互依赖的业务，母公司需要有效的组织和一体化机制。

全球业务的财务管理——如执行转移定价（为了减少税收和关税）、全球融资和股权参与、风险控制和风险敞口管理以及内部银行使用（为了公司内部融资、外汇对冲和现金流管

---

① 日本高端医疗器械开发企业。——译者注

理）——需要全球协调和一体化。金融市场日益全球化，以及数字化全球商业连通性，对跨国公司的公司财务具有重要意义。在这种环境下，管理层抓住机遇、避免不必要风险的能力取决于其对国际环境的了解和财务管理能力。为了实现这一目的，由公司总部实施全球一体化势在必行。

同样，为实现更好的管理、透明度、合规性和可持续性，标准在提高，需求在增长，这迫使跨国公司不断加强全球活动的协调性和一体化。事实上，全球企业合规的设计核心是增强跨国公司对国外子公司采取必要控制的能力。

和联合利华一样，在过去 20 年里，大多数跨国公司都处于全球一体化的狂潮之中；它们基于这样一种假设：公司再也无力以独立子公司集合体的形式进行竞争。与规模经济和技术发展相关的力量促使很多跨国公司把自己全球子公司开展的价值链活动一体化。这些活动一体化意味着需要提高子公司之间的相互依赖程度，因此需要全球协调。实际上，为了将跨国公司的供应链转变为高效的、全球性的、多级的生产网络，从而使系统能够去繁从简，竞争已经部分地建立在跨国公司连接不同地域子公司活动的能力之上。

然而，随着本土化力量在世界各地越发突显，一体化的钟摆似乎正在回摆。针对全球供应链的可持续性和子公司之间高度相互依赖的负面影响，人们已经提出了相关的问题和关切。[1] 新冠疫情和随之而来的全球价值链中断进一步加剧了其中一些关切。许多跨国公司正在采取新的措施，将生产、供应链、创新和其他活动拆分，或者至少区域化。

但是，对全球一体化的需求并没有消失。事实上，通过协调跨区域和跨国活动，仍能从中收获良多。正是这一具有挑战性的背景——一体化和拆分的需求并存——构成了本章的背景。

具体来说，我们的问题是：为了应对在不同国外市场发挥作用的全球化和本土化力量，跨国公司该如何驾驭要求其对子公司的业务（活动）进行一体化和拆分的新兴国际商业格局？重要的是，数字化该如何助其应对这一挑战？

正如我们在前文详细讨论的，公司的数字化全球商业连通性是解决一体化－拆分困局的核心。例如，数字技术和基础设施的进步促使业务离岸和外包，故而加快了一些价值链活动的拆分。与此同时，这样的拆分活动正在不同国家开展，它们提供了对保持全球竞争力至关重要的增值整体解决方案；数字化还有助于将这些拆分活动整合在一起。然而，重要的不一定是数字技术本身或相关战略，而是在不同水平的全球化和本土化力量影响下，这种数字化全球商业连通性形成的方式。

## 全球活动管理中的紧耦合和松耦合要素

在公司－子公司连通性方面，根据其全球业务和活动的管理，我们定义了跨国公司的数字化全球商业连通性。

公司－子公司连通性指的是跨国公司与不同国家子公司

之间的关系，它反映的是协调过程和决策权的分配。在此方面，跨国公司经常做出截然不同的选择。一种方法是采用智能中心模式；在此模式中，总部（或区域中心）拥有重大决策权；在不同国家和地区的子公司之间，存在大量的全球活动一体化和协调。另一种方法是将很多情报和决策权置于公司全球生产和供应链网络的边缘——换言之，就是放在子公司和一线部门。我们称之为智能边缘模式。在这种模式中，一体化和协调的范围往往最多局限于区域内的几家子公司之间。

智能中心模式和智能边缘模式各有不同的优点和缺点，分别反映了一体化和拆分的优点和缺点。然而，并不是这些单独的选择，而是它们的组合，产生了有效战略，使跨国公司能够根据全球化和本土化的程度进行调整，从而采取不同程度的紧耦合和松耦合。正如我们在本章讨论的，物联网、数字传感器、人工智能和区块链等数字技术的进步，使这些方法越来越可行。

接下来，我们首先简要描述一下这两种模式，然后探讨将两者结合起来的战略。

## 智能中心模式和智能边缘模式：重新定义跨国公司－子公司连通性

### ● 从全球供应链到全球人力资源：智能中心模式

在过去 20 年左右的时间里，人们主要基于成本结构，在世界不同地区开展商业活动，以期获得收益的机会，因此形成了智能中心模式。在此模式中，跨国公司的几个主要全球中心研发和控制关键能力或资源，确保其他国家的子公司可以获得和使用。这种方法也反映出人们意识到跨国公司再也不能以独立子公司集合体的形式进行竞争。然而，除了这些经济和竞争动机，强大数字技术的可得性也是向这一模式转变的关键因素。

数字化连通性使全球企业能以快速、集成和精简的方式组织业务。连通性不仅使公司内部的联系更容易，而且重要的是，它使得这种联系更具有生产力和效率。全公司范围内的通用数字架构和相关系统能够促进管理，有利于管理分散在不同国家的业务和模块化活动。

例如，一体化的、高度可扩展的企业资源计划（ERP）解决方案（如SAP Business One[①]）使全球企业能够建立一个紧密的、一体化的全球价值链，协调、管理所有类型的跨境流动。同样，全球所有员工都能够访问的全球性企业内部网是在整个组织中开发自动化业务流程的极佳工具。它不仅有助于创建全球性的虚拟组织，其团队成员来自不同的子公司，而且还允许世界各地的员工直接访问现有的办公系统，如谷歌的办

---

① 思爱普开发的一款可随企业发展而扩展的小企业管理软件，能够关联和简化业务流程，帮助小企业或分支机构加强对自身的掌控，推动企业盈利性增长。——译者注

公应用程序。

这种数字化商业连通性也使跨国公司能够确定应该在何处、何时把何种能力和资源以最有效的方式进行部署，从而帮助其重新配置、调动、改进现有的全球业务资源和能力。空间不再是公司独立的外生变量。相反，通过将在地理上分散的全球资源和价值链活动组合起来，跨国公司能够实施真正的全球战略。

很显然，通过将地理上分散的活动整合起来，推进这种全企业范围的一体化和协调，智能中心模式有助于降低业务复杂性，建立更精简的组织。该模式能够使国际企业从公司总部和国外子公司之间，以及不同地区的国外子公司之间的一体化、协调和合作中获得更大的回报。例如，在 21 世纪初期，联合利华对其供应链管理进行重大结构调整，重点是在其不同的子公司和业务部门建立全球采购流程。在此过程中，它节约开支 142.4 亿美元。同样，大约从 2011 年开始，思科 [1]（Cisco）着手整合其遍布全球的多个供应链流程，建立了一个标准化的端到端单一全球企业资源计划（ERP）系统，以满足公司不同业务的供应链需求。效率因此显著提高，包括订货周期减少了 73%，上市时间减少了 30% 以上，支持成本减少了 30%~50%。

这种效率的提升促使跨国公司在所有业务功能上都追求

---

[1] 全球领先的网络解决方案供应商。——译者注

更加紧密的全球系统——从供应链和生产到人力资源和营销。事实上，到 21 世纪最初 10 年的末期，在很大程度上，竞争已经取决于跨国公司是否有能力跨越地理边界，将其子公司活动联系起来，实施一个连贯而紧密协调的基于全球中心的业务模板。然而，这种通过数字技术持续优化全球活动的做法，也可能导致跨国公司全球业务的战略和结构复原力受到质疑。

到 2015 年左右，在全球许多地区，强大的本土化力量正在崛起，它们可能会破坏跨国公司的全球一体化业务。在过去的几年里，所有这一切都到了紧要关头：中美贸易冲突开始发酵；英国脱欧和其他事件表明，在这个世界上，智能中心模式的相关性和价值越来越受到质疑。新冠疫情可能是引起跨国公司警觉的最后一根稻草，本土力量开始质疑在追求紧密的一体化全球运营系统时所做的取舍；它使得跨国公司朝着相反的方向——智能边缘模式转变。

## ● 向智能边缘模式转变：对新冠疫情危机的反应？

像新冠疫情这样的事件会导致一个封闭的世界，边界的渗透性降低了。跨国公司的本能反应，是让各个子公司在业务中具有更大的自由度。智能边缘模式反映了这样一种方法——将全球活动进行分解，使许多业务规划和决策都在跨国公司全球网络的边缘进行，也就是在子公司的所在地进行。

事实上，跨国公司对新冠疫情的反应包括两个重要转变。其一，有意识地从全球协调转向更高层次的区域化，它们认识到在一个很容易被打乱的世界里，仅根据全球成本优化来配置业务是不可持续的，而且不能一直确保全球化的商业格局。其二，公司运营也发生了根本性转变，数字化连通性程度更高。在几天或几周时间里，公司大幅加快了对技术的应用，以实现远程操作和向客户交付产品。数字商业模式和虚拟商业运营已被证明是可行、可扩展的，即使在那些传统上抵制这种商业运营模式的行业。在疫情期间，成功的公司是那些能够迅速成为以数字为中心的公司——它们可以利用数字化全球商业连通性快速重组和重新配置全球业务。

重要的是，一些公司已经开始向智能边缘模式方向发展，在它们的业务中采用了更高层次的区域化（本土化）。与许多竞争对手相比，丰田（Toyota）实行了更大程度的本土化。例如，丰田在肯塔基州乔治敦市的工厂，拥有 350 多家美国本土供应商，其中在肯塔基州有 100 多家。同样，明尼苏达矿业与制造公司①（3M）的部分业务也转向了这种模式：在中国生产的呼吸防护面罩和个人防护装备面向中国市场；在韩国生产的面向更大的亚洲市场；在美国生产的则面向北美市场。

一些公司也开始从体现智能中心运营特征的"即时制管理"方法转向反映了运营本土化程度更高的"预先生产制"模

① 创建于 1902 年，大型综合跨国企业，以创新、产品繁多著称，领域涉及化工、电子、电气、通信、交通、汽车、航空、医疗、建筑、家庭消费品等，在核心市场占据领导地位。——译者注

式。例如，中国最大的方便面公司康师傅从早先的严重急性呼吸综合征（SARS）危机中吸取了教训，建立了"以防万一"的能力（包括持续跟踪零售门店的重新开业计划、预测库存积压和短缺，以及将供应链重点从大型线下门店动态转移到电子商务和小型零售门店），使它能够在新冠疫情封城和居家隔离期间，为几乎每座城市和每个省份的中国消费者提供服务。[2] 还有几家跨国公司也已采取行动，增加其供应商的地域多样性；尽管增加备用供应商和保障库存是有成本的，但关键的长远效益是它提高了供应链的复原力。

智能边缘模式认识到，当破坏性事件发生时，迅速重新配置和调动资源，快速解决问题，需要给予前线子公司足够的自主权。事实上，作为家电市场的中国跨国企业，海尔能够迅速从新冠疫情中恢复过来的原因之一，是其独特的组织结构。其组织结构由数百个自我管理的业务单元（微型企业）组成，它们能够快速调整，在这样的危机时期维持运营。[3]

● **效率和复原力：智能中心与智能边缘模式的结合**

虽然智能边缘方法应对的是本土化力量，但解决全球化或本土化困境的方法不应简单地移动到连续统一体的另一端——从全球一体化到全球化拆分。相反，正是通过这两种模式的明智组合，跨国公司才能够在运营中实现效率和复原力的最佳平衡。[4] 复原力是有效应对挑战或破坏性情况、从中恢复或适应的能力。为了适应破坏性情况，企业及其子公司仍然需要协作和协调（并因此耦合），但与此同时，复原力也需要减少外部依赖（并因此松散）。因此，这种组合方法意味着公司和其子公司之间的松耦合，它可以根据全球化和本土化力量的程度而决定（见表5-1）。

**表5-1　公司－子公司连通性战略**

| 战略 | 本土化力量强度 | | | |
|---|---|---|---|---|
| | 政府法规和政策 | 数字基础设施 | 商业文化 | 耦合本质 |
| 智能中心 | 低 | 低 | 低 | 紧耦合 |
| 智能中心－智能边缘 | 中到高 | 中到高 | 中到高 | 松耦合 |

请注意，仍然可能存在一些国际市场环境，在其中，根本不需要这样的松散度；在这种情况下，智能中心模式本身固有的紧耦合可能不仅是合适的，而且也是需要的（如表5-1所示）。由于我们已经讨论了智能中心模式，在本章余下部分，我们将重点讨论这两种模式的组合，它意味着松耦合。

那么，这种组合方法与前面描述的两个单独的模式有什么不同呢？从广义上讲，它包括将许多全球和区域中心嵌入一个层级较少的整体结构中，给它们注入强大的协调能力，以及组成享有更大自主权的子公司。这种方法的实质包含了三个关键主题：依赖由中心传授的全球运营模板、在不同国家和地区的子公司享有不同程度自主权，以及全企业范围的协调能力。

它们可以增强整个公司的动态能力，以重新配置业务，快速应对严峻的状况。

全球和区域中心不仅有助于利用跨国公司的资源优势和市场优势，提升其世界影响力，而且重要的是提供全球视野或可被其在不同国家的子公司迅速改造的业务模板。为了做到这一点，全球中心必须位于一个更扁平或层级更少的结构中，这样的结构广泛依赖于公司内部的信息联系和快速数据流。此外，子公司被赋予了更多的权力，使关键国际市场的前沿单位在全球一体化和本土适应方面发挥更大的作用。最后，协调能力不仅位于全球中心，而且还被注入整个公司，包括在其所有子公司，使它们能够在需要时在本土和区域重新配置资源和活动。协调能力指的是公司并非通过控制所有必需的资源和能力，而是通过组装、组织、综合和整合全球所有可用资源，包括来自开放市场、生态系统合作伙伴和公司本身的资源，寻求机会的能力。因此，协调反对跨国公司传统的"东道国"和"母国"边界，相反，它把全球市场视为一个网络化、相互联系和相互依赖的环境；在这个环境中，通过共享来自内部、外部渠道和跨境的能力和资源，公司能够迅速适应不断变化的情况。

因此，智能中心和智能边缘两种模式共存，使跨国公司能够快速适应不断变化的全球化和本土化力量。虽然在适用的情况下，全球模板和协调能力的组合使得公司提高了全球运营的效率，但同样的协调能力与分散的、扁平的灵活性相结合，有助于在运营中提高复原力。

接下来，我们将通过来自不同行业的例子，说明这种方法的三个关键方面。正如我们的例子表明的，在实现这一切时，数字技术（重要的是数据和分析）发挥了关键作用；事实上，如果没有数字化全球商业连通性，采用这种方法将是不可行的。

### 一、业务运营虚拟化和数字孪生战略

虚拟化包括创建业务运营或活动的虚拟（基于软件）图像。这种虚拟化涉及前面提到的全部三个主题：它使组织能够创建全球运营模板，通过模拟和数据分析来提高跨国公司的协调能力，使子公司能够利用它们的自主权来调整或修改全球模板，以便对本土干扰做出快速反应。

数字孪生只是一个过程、产品或服务的虚拟模型。通过创建公司运营（生产、供应链）的虚拟模型，然后将其与现实世界（实体）运营配对，公司可以模拟经营、分析数据以预测潜在问题，并开发替代途径来解决问题。物联网、传感器、人工智能和数据分析等数字技术使这一切都变得可行，且成本效益也很高。

例如，联合利华已经建立了其工厂的虚拟版本，它利用来自装有物联网传感器的机器的数据流，创建了数字模型。其数字模型能够跟踪现实状况，实现对本土和全球运营变化的测试。[5] 联合利华在北美、南美、欧洲和亚洲的工厂共有 8 个这样的数字孪生虚拟工厂。未来几年，在其约 300 家全球工厂中，该公司还将为其中几十家创建虚拟工厂。这一数字孪生战

略使联合利华能够利用先进的分析和机器学习算法分析来自数百个连接设备的大数据，并实时进行修改，以优化输出，减少浪费、提高生产效率，同时对当地变化做出反应。

　　该公司还发现，这些算法能够达到的精确度可以让它们直接控制部分机器或流程——这不仅使当地管理人员能够做出更明智的决策，还能让他们腾出时间，实现更多增值功能。例如，联合利华在印度创建了其首个完全无人值守的供应链运营模式，使用实时数据和算法做出决策，然后由大型仓库中的机器人执行。联合利华南亚地区数字化转型工作负责人扎维德·阿赫塔尔（Zaved Akhtar）告诉我们："现在，我们接入多种实时数据流的能力，结合分析和自动化，使我们能够将信息推送到我们当地运营、工厂和配送中心的最边缘；同时，从整个企业的运营中，我们获得关于需求满足的更多知识，并据此进行运营。"[6] 联合利华的目标是从两个方面都获得收益：传达算法和实时数据分析的虚拟全球模型，以及根据当地状况调整这些算法的模拟。

　　同样，耐克和强生两家公司都使用这种虚拟化来应对新冠疫情危机对其供应链造成的破坏。强生公司采用了模拟和风险分析工具，以及其供应链虚拟化，来确定向其制造工厂供货的国外备用货源。[7] 这种运营灵活性对公司保持运营连续性至关重要。同样，耐克公司利用其数字和数据分析能力，以及来自国外子公司高管和当地团队的运营投入，来运行不同的场景。在此基础上，它优化了海外生产计划，将产品销售从实体店转向电子商务平台。[8]

在这些以及其他例子中，运营的虚拟化成为跨国公司全球中心创建全球运营模板的关键工具；这样的模板能够优化效率，并将其传达给所有子公司。同时，虚拟化战略还能使各子公司根据实时数据的模拟和分析调整运营模板。重要的是，这种模拟和数据分析的范围可以是全球的，也可以是本土的——这关乎快速重新配置资源和活动所需的协调能力是如何注入整个公司的。

**二、虚拟化技能和虚拟人才市场**

在第一章，我们简要提到了数字化如何使公司能够利用其组织边界之外庞大的全球资源网络。例如，数字化连通性使跨国公司能够利用全球自由职业者，这些人是公司存在人才空白或短缺的领域的专家。利用这样的自由职业人才比雇用和培训内部员工更便宜、更快捷、更灵活，也更容易管理——因此有助于提高效率和复原力。同样重要的是，跨国公司如何重新配置和使用可能分布在不同子公司的内部人才。公司可以为技能创建虚拟市场，让子公司利用跨国公司内部其他部门可能存在的关键技能。

以联合利华人工智能驱动的 FLEX 体验平台为例。它是为联合利华的员工建立的一个在线人才市场，是帮助员工找到新的职业机会的途径；在这里，员工通过灵活的项目经验，可以提高自身技能。[9] 员工建立他们当前技能的档案，以及他们正在寻求提高或获得新专业知识的具体领域。然后，该系统利用人工智能帮助员工个人实时甄别整个公司开放式项目的个性化列表。这一举措表面上帮助员工培养新技能和（或）拓宽他们的专业视野，但它也提供了一种强有力的手段提高子公司的协调能力。具体而言，该系统能让子公司寻找关键技能，快速重新配置其资源以适应新的情况。此外，员工只需要在这些项目上投入部分时间，便能使公司将内部人力资源模块化，以优化其在整个企业的使用。正如联合利华负责人力资源的执行副总裁杰伦·韦尔斯（Jeroen Wels）所言："我们坚信，人员兴旺，企业才会蓬勃发展。FLEX 体验平台在真正地增强我们员工的能力，使他们能寻找符合自我目标的机遇，发展他们的兴趣爱好，充分利用好精力。它使职业民主化，解放并真正释放全球人才潜力。"[10] 这样的措施能够显著提高跨国公司在区域和地方层面的能力，在短时间内从庞大的企业中寻找和吸引人才，使公司能够迅速适应不断变化的当地形势。

因此，这种虚拟化技能与在线内部市场结合在一起，可以从根本上改变跨国公司及其子公司在其全球业务中获得更高效率和复原力的方式——以符合成本效益的方式，动态地重新配置关键技能和人才，以适应不断变化的形势。

### 三、合规和监督的虚拟化

大多数跨国公司采用广泛的、往往相当官僚的监督体制，以确保遵守当地（区域）法规以及公司的规则和政策。这些合规制度往往成为提高全球业务效率和复原力的关键障碍。

数字化有助于应对全球合规项目中的此类挑战。例如，机器人流程自动化（RPA）能够处理的交易或核查量是人类的指数级倍，因此可以利用它为全球运营提供合规性和进行内部制衡。同样，区块链和相关技术可用于监督地方一级的运营（如针对供应商），从而提高跨国公司全球网络边缘的透明度。电子巨头富士康（Foxconn）以生产苹果手机而闻名，它与中国一家点对点（P2P）贷款机构合作，在上海成立了一家名为"链式金融"（Chained Finance）的初创企业，通过以太坊区块链将富士康与其全球很多小型供应商（及其供应商的供应商）连接起来。该系统使用自己的代币和智能合约，这些合约会自动执行，以接近实时的方式进行支付和提供融资，避免了繁杂的文书工作，重要的是，它提供了对所有交易的直接监控，以确保遵守当地法规和公司政策。

随着大规模跨境经营的出现，跨国公司不得不更加积极主动地实施必要的数字结构，以便更有效地监督与收集数据、建模、分析、报告和开展各国监管机构批准的其他活动，以及开展企业自身所需以提高其企业道德和合规性的活动。此外，对许多公司来说，全球合规成本是一个主要问题，特别是对那些规模不足以采纳重大新措施的公司；利用数字技术（如区块链、机器人过程自动化和人工智能）可以降低合规成本。

菲利普·莫里斯国际公司（PMI）正在推进的数字化措施说明了两种模式——智能中心和智能边缘——是如何共存的。重要的是，它还突出表明了一些相关的执行层面的挑战。

菲利普·莫里斯国际公司是一家在美国上市的国际领先的烟草公司，业务遍及 180 多个国家。该公司一直致力于同时为其供应链运营创建数字化区域智能中心，以及为其在世界很多地区的生产运营创建智能边缘。正如菲利普·莫里斯国际公司全球企业架构和技术创新主管尼廷·马诺哈兰（Nitin Manoharan）所言："人工智能、物联网和区块链等数字技术正在使我们能够在整个企业中建立不同水平的运营一体化，并将一切很好地结合在一起，以适应全球和本土力量。"[11]

菲利普·莫里斯国际公司的方法一直是认真评估运营信息的实时性和动态性，以及哪些类型的本土化力量制约着公司的决策过程和运营。对那些在本土化力量强大以及对时间敏感的市场部门，该公司将信息推送至边缘，在那里进行分析和决策。当这种本土化力量并未占据主导地位，可以通过区域协调来提高效率时，该公司采取区域智能中心战略。例如，在某些市场，对制成品采用的是特殊税目规定，以限制其流通；在其他市场，有关从当地采购多少材料的规定限制了生产决策。此外，一些市场的合作伙伴在数字技术的使用方面相当先进，这使菲利普·莫里斯国际公司能够更快、更准确地获取各种运营需求的信息。在决定如何实施其智能中心和智能边缘战略时，该公司考虑到了不同市场在政府法规、数字基础设施和企业文化方面的变化。

在全球生产设施网络中，每个生产设施都需要能够迅速应对不断变化的时空维度，同时使区域和中央智能中心关注中长期趋势。例如，在智能边缘，菲利普·莫里斯国际公司的生产设施旨在从机器传感器获取数据，以便能够对一批产品的质量做出近乎实时的决策，而区域和中央智能中心则分析数据，提出中长期改进配方的建议。

随着持续采用这种方法，该公司也发现了在执行时出现的一些挑战。例如，一旦公司在其众多生产部门安装了传感器，数据安全威胁就变得更加严峻。该公司还发现，在不同的国家，这类网络安全威胁的严重程度也不同。同样，在不同的市场，该公司发现，在与菲利普·莫里斯国际公司实时共享的数据的安全性方面，供应商和合作伙伴有不同的门槛。构成信息基础的机器学习的应用带来了另一组问题。例如，正如马诺哈兰指出的："当我们将信息推送到我们的一些供应链运营区域中心时，校准预测模型变得非常困难，因为没有任何你能够以之为参照来调试预测模型的东西作为基线。"另外，还有一些本土制约因素随时可能会出现，扰乱区域中心的自动化决策。对大多数公司来说，当它们利用数字技术来满足一体化和拆分的需求时，这些和其他问题很可能会出现。

然而，在面对全球化和本土化力量时，尽管存在所有这些挑战，一项将两种方法结合起来的战略，可以使公司在长期内实现效率和复原力的最佳组合。菲利普·莫里斯国际公司对该领域正在进行的数字项目不断加大投资，反映出该公司对这种未来收益的信心。

## 总结

本章伊始，我们提出了问题：为了应对在不同国外市场发挥作用的全球化和本土化力量，跨国公司该如何驾驭要求对其子公司的运营进行一体化和拆分的新兴国际商业格局？数字化该如何帮助应对这一挑战？

我们的答案包含了两种模式的精心选择和组合：

1. 智能中心模式。在这一模式中，跨国公司的几个关键全球中心开发和控制关键资源，并使其在其他国家的子公司能够利用它们。

2. 智能边缘模式。这包括拆分全球活动，以至于很多运营计划和决策都是在一线部门或跨国公司全球网络的边缘进行，子公司就位于这些地方。

在某些有限环境下，聚焦于智能中心模式可能是合适的，这种模式要求公司和其子公司之间建立紧耦合。但通过结合这两种模式（智能中心和智能边缘），跨国公司能够在其与子公司的关系中建立松耦合。这反映了跨国公司近期在适应本土（区域）和全球动荡方面的经验中的一个关键见解：在运营中提高效率和复原力，需要在全球中心和国外子公司拥有足够的信息和协调能力。此外，数字技术不仅在创建这些模式方面发挥了关键作用，而且在确保所开展的资源和活动的重新配置符合当地条件和公司目标方面也发挥了关键作用。

然而，在所有这些讨论中，我们只是简要地讨论了一个关键问题：实现这一切所需的组织能力。对跨国公司来说，要把新的数字技术和基础设施所带来的管理全球活动的希望变成现实，哪些能力是至关重要的呢？跨国公司该如何建立和培养符合其目的的数字文化呢？这些问题我们将在第十章详细探究。

接下来，我们将探讨跨国公司在全球创新和知识创造方面的方法。

# 第六章

CHAPTER 6

## 数字连通全球创新和知识

　　跨国公司是创新在全球传播的强大载体——在世界的某个地方产生创新，然后把它营销到世界的另一个地方。这样的例子有苹果公司和它旗下的智能手机或者亚马逊公司和它所提供的电子商务服务。从传统角度来讲，这种创新的流动一直都是从发达经济体流向发展中经济体和新兴经济体。在过去的近十年里，创新也出现了逆向流动的迹象。例如，一个最好的例子就是中国公司字节跳动和它旗下的抖音平台。[1] 数字化迅猛发展的浪潮席卷了各行各业的企业，从根本上改变了它们从国际市场寻找创新理念和资产的方式，以及对这些创新资产进行重构和重组的方法，以推动世界其他地方的创新。

　　事实上，数字化以很多不同的方式重新定义了全球创新格局。

　　第一，产品和服务的数字化使公司能够在更大程度上将其知识和创新理念进行编码和模块化，提高公司创新资产的跨境可移植性，并使它们能在不同国外市场进行重组和再利用。公司能够组合和配对它们的数字资产，在产品、商业模式和运营方面进行创新，以适应特定的国外市场——以更快的速度、更低的成本。例如，为了能够及时赶上 2022 春季时装发布会，汤米·希尔费格（Tommy Hilfiger）将其所有服装转到一个创新 3D 设计平台上进行设计。[2] 这使得该公司能够在其所有的全球服装设计团队中采用全数字化设计流程，包括创建、存储、共享和再利用数字设计资产（包括数字面料、图案和色彩资产），以满足全球不同的市场。将传统的设计和样品生产步骤转变成这样的全数字化资产和流程，使汤米·希尔费格不仅加快了创新的步伐，而且使其产品更加多样化。

第二，在过去的几年里，跨国公司的大门日益敞开，接受来自公司以外的创新理念和资源。这种开放的创新方式依赖全球数字基础设施，将公司与遍布全世界的各种创新源——从客户到供应链合作伙伴再到初创公司——连接起来。例如，跨国公司可以利用它们自己的数字基础设施，如网站和第三方数字平台，从国外市场的客户和合作伙伴那里获得创意，从而增加创新的机会。据报告，在过去的 10 年中，85% 的全球顶级品牌以及 75% 以上业绩出色的跨国企业都以某种形式采用了众包。[3] 事实上，全球数字众包市场在 2018 年的价值是 90 亿美元，预计到 2027 年，将达到 1540 亿美元，这表明数字平台促进了创新寻源方式的全球影响力和范围。[4]

第三，数字化已经开始改变创新的过程。不确定性是创新管理的核心问题；近年来，现代数据分析的力量已经被用于帮助管理者成功应对这种创新中的不确定性。事实上，新兴的创新分析领域涉及创新过程中数据驱动的洞察力、可视化的产生和利用，这些数字技术和能力让商业和创新管理者不断发现

新知，以管理产品和服务创新中的不确定性。[5] 例如，英国的
SoundOut[①]和美国的First Insight[②]及84.51°[③]等初创公司，已经
建立了新颖的在线评论平台，将实验的科学性和严谨性（涉及
世界各地的大量内测员或潜在客户）与现代人工智能分析的力
量相结合，为各行各业的公司生成有价值的创新洞察力。[6] 这
种数字化创新实验是创新管理的前沿领域。

所有这些变化表明，数字化的力量将改变跨国公司在全
球市场上追求创新的性质和步伐。

同时，在前面章节讨论过的许多区域（本土化）力量可
能会阻碍公司通过数字化提高其创新水平的前景和潜力。例
如，国外市场的知识产权法律和政策缺乏明确性，可能会阻碍
公司从该市场获取创新的努力。本土数据法规限制严格，可能
会抑制世界其他地方创新的可移植性和分析性。同样，国外市
场独特的本土数字基础设施可能使公司无法将在该市场开发的

---

① 英国西伯克郡一家在线新音乐平台公司，是针对新音乐内容的研究
  和听众洞察工具，现在拥有一个由50多万首经过消费者审查和评级
  的曲目组成的比较数据库。——译者注
② 由格雷格·佩特罗（Greg Petro）创办于2007年，美国业内领先的
  产品数字测试服务商和决策方案供应商，致力于帮助零售商和品牌在
  新产品设计、定价、规划和营销过程中，通过收集消费者数据，结
  合分析预测模型，以及机器学习和人工智能技术，分析"客户之
  声"。——译者注
③ 美国一家零售数据科学、洞察力和媒体公司。2017年，美国最著名
  的零售商之一克罗格公司全资收购了84.51°公司，使其成为下属的
  数据分析子公司。——译者注

数字创新资产部署到世界其他地方。或者，国外市场主流商业文化的关键方面可能会阻止公司与外部合作伙伴建立信任关系，使它们难于寻求合作创新。

因此，数字化和本土化力量的融合向跨国公司提出一个更广泛的问题：公司应如何应对被数字化和本土化改变的新兴全球创新格局？

在本章，我们通过重点关注创新的两个具体领域，来解决这一问题：公司如何从国际市场寻找创新资产和其他资源，以及公司如何配置这些创新资产和资源，以推动不同市场中产品、商业模式和运营的创新。为此，我们将详细分析公司数字化全球商业连通性的两个关键要素。

## 全球数字创新紧耦合和松耦合的要素

就创新而言，我们定义了公司数字化全球商业连通性的两个要素：公司 – 创新源连通性和公司 – 创新资产连通性。

第一个要素是公司 – 创新源连通性，它指的是公司从不同的国际市场寻找和获得创新的总体方法。如前所述，从封闭式创新转向更加开放的创新，伴随着数字技术和平台提供的全球影响力，使公司能够撒下一张非常巨大的创新之网。许多创新机制已相当成熟——从电子研发市场到内部（外部）孵化器和加速器。[7] 然而，就公司和创新源之间关系的性质和密切度而言，这些机制各不相同。有些机制依赖更频繁的互动和广泛的信息共享，而另一些机制则意味着更加松散的交易关系。重要的是，在国外市场使用不同的方法需要根据本土化力量强度（监管环境、数字基础设施）进行调整，从而采用不同程度的紧耦合和松耦合。

第二个要素是公司 – 创新资产连通性，它指的是公司如何重新配置和部署国外市场产生的数字创新资产以及公司其他创新资产和资源。虽然数字创新资产具有显著的可重组性和可重构性，但在决定这种重新配置的可能甚至是可取程度方面，本土（区域化）力量往往发挥着关键作用。在此，我们研究了跨国公司在这种数字创新资产重组方面能够采用的不同战略或方法，这意味着不同程度的紧耦合和松耦合。

现在，我们将更详细地探讨这两个要素。

## 公司 – 创新源连通性和全球开放式创新

### ● 在全球范围寻源创新

大约 10 年前，萨迪什·南比桑和莫汉·索尼（Mohan Sawhney）进行了一项研究，根据所寻找和获取的创新理念的成熟度，对不同的创新寻源机制进行了比较和分类（见图6-1）。当时研究的重点是了解公司在选择不同寻源地点时需要做出的权衡，认真对比创新速度、成本、范围和风险等因素。例如，创意捕手和在线研发市场（如 InnoCentive 公司）

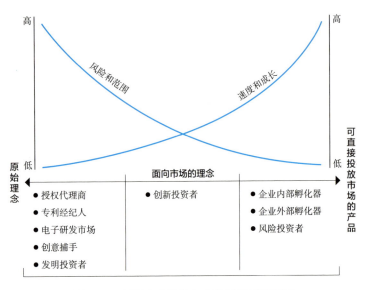

图 6-1　创新中介机构与全球创新寻源机制

改编自萨迪什·南比桑和莫汉·索尼的《创新集市采购指南》（*A Buyer's Guide to the Innovation Bazaar*），《哈佛商业评论》（*Harvard Business Review*）第 85 卷，第 6 期（2007年 6 月）：111。

能够以相对原始的形式和较低成本获得创新理念和解决方案，但这些理念接着需要引入公司内部进一步发展。在这一连续体的另一端，企业孵化器和加速器使公司能够找到适合市场的产品（服务），这些产品（服务）无须花费多少额外工夫，就可上市销售；然而，这种可直接投放市场的创新往往相当昂贵。

在过去十多年里，数字技术的进步已经改变了很多权衡的性质。例如，应用数据分析的数字创新实验平台已经降低了测试原始理念的成本，从而在很大程度上降低了相关风险。这种实验也是公司创新迭代过程的基础，它使得理念能以更快速度、更低风险转化为最终产品。

我们先前提及的英国初创公司 SoundOut 帮助消费品公司和零售商测试相互竞争的新产品设计，优化它们的新产品开发决策。该公司还建立了全球在线评论平台（300 多万潜在客户或测试人员参与）来进行创新实验。通过使用基于人工智能的算法对从该平台收集到的实验数据进行分析，生成具有价值的见解，从而指导产品开发决策。这样的数字化创新实验可以在短到 24~48 小时内完成，且成本极低，从而消除了与各种创新寻源机制相关的缺陷。

同样，总部位于美国匹兹堡市的 First Insight 公司利用结构化的在线"游戏"获取用户对客户公司创新方案的意见。然后，该公司采用预测分析，对有可能成功的产品设计选项提出有价值的见解，确定合理的零售价格（在产品发布之前）和目标细分市场，最后进行预测评估。包括玛莎百货（Marks & Spencer）、科尔士百货（Kohl's）、亨特公司（Hunter Fan Company）以及奎恩佰瑞公司（Crate and Barrel）在内的众多公司越来越依赖这种数字化、大规模、快速的实验来进行创新决策。

因此，数字化可能会使一些权衡变得毫无意义，但会使其他类型的风险和因素具有重要意义，尤其是在从国际市场寻源创新的背景下。例如，区域（本土化）力量的强度决定了与信息共享相关的风险，限制了公司与国外创新合作伙伴关系的性质。因此，我们现在将重点从寻找和获取的创新理念的成熟度转移到公司与其创新源共享知识的范围，从更广的角度讲，即转移到公司与创新源关系的性质（紧耦合或松耦合）上。我们给出了两种数字化赋能的创新寻源战略——数字化创新伙伴关系模式和数字化创新中心模式——然后讨论它们在全球化和本土化的国外市场的相关性。

## ● 公司－创新市场连通性的紧耦合和松耦合

当公司从组织外部进行创新寻源，或者当它们寻求与全球合作伙伴合作创新时，这些努力的成功通常取决于两个关键因素——对它们真正想要寻找的东西有明确的认识，对它们将这些信息传达给他人的能力有明确的认识。[8] 一般来说，创新源或合作伙伴对创新环境理解的相似度越高，它们的贡献就越有价值，创新成功的可能性也就越大。

数字技术能够提高公司与其创新合作伙伴紧耦合的能力，并且也能提高公司与其共享创新相关知识的能力，但公司这样做的意愿取决于外部环境，包括知识产权保护法和盛行的商业文化。在更加全球化的市场里，公司可能会觉得这些因素更可预测，与它们的预期更加一致，因此更有利于建立紧耦合的合作伙伴关系——更频繁的互动和更大程度的知识共享。这使得它们能够确定双方共同感兴趣的领域，并进行更开放的思想交流。我们将此称为数字化创新伙伴关系模式，它强调与国外创新源的紧密关系，以及数字技术在建立这些关系时所发挥的关键作用（见表6-1）。

表6-1　公司－创新源连通性战略

| 战略 | 本土化力量强度 | | | |
|---|---|---|---|---|
| | 政府法规和政策 | 数字基础设施 | 商业文化 | 耦合本质 |
| 数字化创新伙伴 | 低 | 低到中 | 低 | 紧耦合 |
| 数字化创新中心 | 中到高 | 高 | 中到高 | 松耦合 |

数字化创新伙伴关系模式包括在高度关注的问题领域与一些选定的国外合作伙伴开展合作创新项目。虽然这种创新合作伙伴关系的更加广泛的结构多年来一直没变，但在过去几年，创新合作伙伴之间潜在的数字化耦合的性质和程度已经发生了根本性变化，改变了创新过程本身。例如，创新过程的数字化或虚拟化已经使跨国公司能够建立高度安全的虚拟空间，供国外合作伙伴共享，并利用人工智能和其他方式，快速分析不同类型的数据（包括来自面向客户的部门的实时数据流），为创意提供信息；进行沉浸式虚拟现实的编程马拉松，以开发产品概念；模拟和测试虚拟原型，为关键设计和规模问题提供信息；更广泛地说，提高合作伙伴创新活动和贡献的整体透明度。

例如，一家大型医疗器械跨国公司正在设计一种新产品，它既有硬件也有软件组件。[9]虽然由该公司搭建硬件平台，但软件和相关组件由其他三家国外合作伙伴负责，其中两家在欧盟国家，一家在印度。这类项目的一个关键挑战，是软件开发必须至少等到硬件平台的功能原型开发出来才能启动，这可能会推迟整个项目。然而，在这种情况下，该公司通过与其国外合作伙伴开发并共享硬件平台的数字孪生克服了这一问题。在一个安全的虚拟空间里，该公司和其国外合作伙伴共同对数字孪生进行模拟，为硬件和软件设计提供信息，使它们能够同时进行。这家医疗设备公司与其三家国外合作伙伴建立的数字化紧耦合使其能够加快项目进度。更重要的是，它提高了其对合作伙伴产品开发活动的可见度。与此同时，作为数字伙伴关系的基础，这种数据共享和数字化赋能的交互，要求跨国公司与其国外合作伙伴在业务规范和实践、数字基础设施以及区域数据政策和法规方面保持高度一致。在这种特殊情况下，三个国外合作伙伴所在国家的情况被认为有利于跨国公司继续建立数字化紧耦合。另一方面，如果在任何一个合作伙伴国家都有强大的本土化力量，那么先进数字技术带来的这种紧耦合可能会变得毫无意义。

另一个例子是拜耳的子公司气候公司，该公司凭借 Climate FieldView™ 平台引领数字化农业市场。它说明了这种数字化创新伙伴模式如何转化为平台环境。为了促进 Climate FieldView™ 平台的创新，在过去几年里，该公司一直在寻求与加拿大、以色列和欧盟这样一些全球化市场的合作伙伴进行合作。例如，它已经与相关市场领域的几家初创公司建立了合作关系，包括 Agribotix（基于无人机的农业智能公司）、

SoilOptix（土壤测绘公司）和 Ceres Imaging（航空图像公司）。该公司还与约翰迪尔公司和爱科集团（AGCO）等主要设备公司建立了密切的合作关系。所有这些合作伙伴关系都包括一个经过精心设计的评审过程、大量的数据和其他数字平台特定资产的共享（包括封闭的应用程序接口密钥），以及对各种创新问题广泛的一对一互动。该公司与其国外合作伙伴之间的紧耦合不仅取决于共同的创新目标，还取决于这些国家将遵守与贸易、基础设施和商业实践相关的全球标准。

另一种建立数字化创新伙伴关系的方法是将跨国公司的研发（创新）中心设在世界各地，并通过数字方式将它们联系在一起，以确保连贯的创新活动。例如，杜邦公司在世界各地建立了创新中心网络，包括在巴西、瑞士、俄罗斯、中国、印度等的创新中心。创新中心之间的数字化连通性使数据和其他数字创新资产能够跨越国界快速共享（利用安全可靠的数字基础设施），这使得杜邦能够开展利用多个国家的人才和能力的创新项目。尽管在一些国家存在与知识产权管理和其他因素相关的挑战，但其他很多美国跨国公司——包括思科、卡特彼勒公司（Caterpillar[①]）、高盛、谷歌和甲骨文——也已经将部分研发工作投放到亚洲不同地区，以挖掘那里巨大的人才资源。[10]

---

① 总部位于美国伊利诺伊州，成立于 1925 年，世界最大的工程机械和矿山设备生产厂家、燃气发动机、工业用燃气轮机和柴油机生产厂家之一。——译者注

许多这样的研发中心还与国外市场的本土初创企业合作，追求技术创新——即采用了数字化创新伙伴战略。

然而，数字化创新伙伴模式是建立在稳定和有利的商业环境基础之上，包括贸易政策、共享的商业文化，以及完善的知识产权法律法规和政策。当公司对知识共享的期望与国外市场的主流贸易、知识产权政策和相关因素之间的差距越来越大时，数字化创新中心模式也就具有更大的相关性。

许多跨行业的跨国公司，包括英国电信集团、西门子、麦当劳、江森自控和宝洁，都已经在世界各地建立了孵化器、加速器、众包平台和其他开放创新机构，从外部引入创新技术和理念。数字化创新中心可被认为是这种企业孵化器和加速器的演变，因为它们为跨国公司和广泛的合作伙伴（通常是初创企业）提供了一个共同的空间（虚拟或实体中心），让它们走到一起，探索彼此的创新资产和目标，寻求联合开发工作。然而，与传统的孵化器和加速器不同，这些数字化创新中心认识到，数据和数字化连通性是大多数创新举措成功的关键；因此，它们专注于提供数字化主干网络，不仅使不同类型合作伙伴的参与成为可能，而且还支持不同类型的协作创新过程。

例如，英特尔在以色列建立了一个名为 Ignite 的加速器，以利用该国的创新资源。2020 年初，Ignite 将自己转型为一个虚拟加速器，借此，英特尔与其合作伙伴之间的很多互动和知识交流都是通过数字化平台进行。"联合利华创想 +"项目（Unilever Foundry）是数字化创新中心的另一例证。该项目的目的是使联合利华与外部合作伙伴合作，开发和扩大基于技术的解决方案，以应对特定的商业挑战，尤其是应对该公司与世界各地的客户建立联系方面存在的挑战。例如，在新加坡，该项目不仅是公司及其合作伙伴的联合工作中心，而且通过广泛的数字化工具和平台促进了合作伙伴之间的互动和数据共享。此外，通过将创新中心设在该公司的区域总部，联合利华为初创企业提供了无可比拟的接触其品牌和其他业务方面的机会，这些都对公司尝试不同的解决方案至关重要。

在数字化创新中心，这种连通性的性质可以根据国外市场本土化力量的强度进行调整。制药公司阿斯利康（AstraZeneca）总部位于英国，其位于瑞典的创新中心BioVentureHub 就是一个极好的例子。BioVentureHub 试图追求基于紧密关系的开放式创新，但有适当的监管控制和知识产权导向。[11] 值得注意的是，数字化主干网络提供了不同公司或BioVentureHub 成员之间的应用程序级数据连通性；成员公司（数据所有者）可以单独决定它们想要根据什么条款共享什么数据或信息。[12]

数字化创新中心的独特之处，在于数字化如何使精心设计的合作伙伴关系成为可能，甚至在同一中心内，与不同合作伙伴之间的关系也有所不同。正如"联合利华创想 +"和其他此类创新举措表明的，在数字化创新中心，数字资产共享的程度可以具体到区域或市场层级，甚至具体到各个合作伙伴层级。因此，数字技术可以锚定和支持跨国公司与不同创新合作伙伴的业务活动，但随着本土化力量的不断变化，公司仍然必须不断标定、试验和调整其创新活动的性质。在这个意义上，正如 Ignite 的总经理扎希·魏斯菲尔德（Tzahi Weisfeld）所言："我们正走向一个新的世界。"[13] 在这个世界中，数字技术成为平衡合作创新的前景与本土化力量带来的风险的主要工具。

我们总结一下到目前为止的讨论，数字化创新伙伴模式意味着公司和其创新源之间的紧耦合。它依赖于密切、互动频繁的关系和大量的信息共享，包括正式的和非正式的。它允许更大程度的反应性：公司可以根据不断变化的企业层面的创新需求，调整其与国外合作伙伴的关系的性质和程度（以及从国外合作伙伴获取的创新）。然而，建立这种互动频繁的关系需要付出相当大的努力，这也限制了国外合作伙伴的数量，有可能降低所寻找和获取的创新的特应性。另一方面，数字化创新中心意味着公司与其国外市场创新源之间的松耦合。它使公司能够走得更远、更广，与国外市场的相关合作伙伴建立联系，从而提高所获得的创新理念和解决方案的特应性。同时，创新中心的数字化基础架构使跨国公司能够调整合作伙伴参与的性质和程度，以适应当地情况，调整企业目标和优先事项，从而保留一定程度的反应性。

## 公司－创新资产连通性 🌐

### ● 数字资产与重组创新

　　随着公司积累的数字资产越来越多（无论是作为产品的一部分，还是作为运营流程的一部分），以不同方式重组这些资产以产生新创新的机会也在增加。事实上，产品和流程数字化的一个重要结果，是公司以新的方式重新配置现有理念以产生新理念的能力得到了提升——这个过程称为重组创新。这种数字资产的取长补短和重组，加上新的商业逻辑，可以在世界不同地区带来新的价值创造机会。

　　智能家居市场就是一个很好的例子；该市场预计将从2020年的约850亿美元增长到2023年的1400亿美元左右。[14]在过去几年，随着家用电器和设备中的数字组件数量的增加，以不同方式重新组合这些不同的数字资产及其产生的数据，从而为客户创造新的价值的机会也在增加。这种基于家庭的数字资产存在于简单的设备中，如视频门铃、户外摄像机、智能锁和智能扬声器；它也存在于更复杂的家用电器中，如供暖、通风、空调和制冷系统。当与物联网、5G、区块链和人工智能等新的数字技术和平台结合时，这些多样化的数字资产使公司能够提供各种解决方案，以适应不同的市场。

　　数字资产包括各种各样的资源，包括数字产品组件，数字流程（虚拟制造和物流运营），数据（由运营和市场交易产生）和数字内容（数字设计文件、数字品牌和营销材料）。随着数字技术渗透到商业的方方面面，数字资产的种类在呈指数级增长。在公司内部，这种数字资产的范围和数量在日积月累，它意味着数字化释放的重组创新的前景和潜力。

数字资产具有货币价值；在不同环境中，其货币价值可以通过重新配置和再利用来解锁。因此，数字资产意味着通过持续的共享和再利用产生更多价值的潜力。同时，要实现这种价值，公司需要保证两个关键条件。

第一，数字资产的组织形式必须使其在整个组织中易于被发现和访问。在过去几年里，数字资产管理工具在解决这一需求方面的地位非常突出。最近的一份行业报告将数字资产管理列为大型组织的三大数字优先事项。[15] 全球数字资产管理市场体量预计将以每年 16.5% 的速度增长，到 2025 年达到 85 亿美元。[16] 基于云端的数字资产管理解决方案使公司不仅能够存储数字资产（以及其元数据和"使用权"信息），还能够快速、灵活地发现、共享、调整和部署这些资产。因此，数字资产管理工具日益成为公司协同创新活动的基石，在数字资产的重新配置中充当整个组织的结缔组织①。

第二，仅发现并生成新的数字资产组合是不够的；公司

---

① 结缔组织由细胞和大量细胞间质构成，在动物体内广泛分布，具有连接、支持、营养、保护等多种功能。此处是暗喻，属于修辞用法。——译者注

还需要审慎地从不同的可能性或组合中进行选择。经济学家马丁·韦茨曼（Martin Weitzman）早在 1998 年指出，重组创新增长的局限"与其说在于我们产生新理念的能力，不如说在于我们将大量潜在的新理念转化为可用形态的能力"。[17] 这一点就是人工智能技术的价值所在。例如，机器学习技术不仅可以提高对公司数字资产存储库的可见性，还可以使用元数据（关于数字资产的背景数据）来分析和确定在不同国外市场重组和使用它们时可能存在的限制。人工智能还可以用来解读数字资产之间的关系模式，将它们与特定市场需求和环境联系起来。换句话说，人工智能技术可能会让公司明白，通过组合或连接不同数字资产所衍生的不同价值路径具有相当的吸引力。

对跨国企业来说，数字资产代表公司特有资产，这些资产可以在国外市场重新配置和部署。重要的是，许多此类数字资产也可能是在国外市场创建并驻留所在国的，而不一定是在母国。因此，即使一家公司有能力找到这些数字资产，并迅速使其适应新的环境，本土和区域化力量也可能发挥关键的调节作用，有时会增强重新部署数字资产的能力，有时则会削弱这种能力。例如，使用数字资产（即使是公司拥有的资产）的权利可能受到国界或其他地方法律法规的限制。更好地理解这些本土（区域化）力量可以让公司制定适当的战略，包括与其在不同海外市场的数字资产进行紧耦合或松耦合，继而找到方法，最大限度地增加这些资产可能产生的价值。在此，我们将针对这一方面探讨两种广泛的策略，并用一些例子来说明它们。

### ● 公司－创新资产连通性的紧耦合与松耦合

从数字资产中解锁价值的难易程度取决于公司将资产从一个位置（环境）转移到另一个位置（环境）的速度和成本，以及其在新环境中与其他资产结合的效率。如前所述，在很大程度上，数字资产管理工具能够使公司内部数字资产的选择和分配实现自动化，并加快其速度。但它们重组的难易程度将取决于数字资产与本土环境中的数据、数字基础设施和使用政策的匹配程度。

在高度全球化的国外市场，数据和数字基础设施、数据使用和知识产权政策很可能严格遵守一套普遍接受的全球标准和期望。这将使跨国企业能够保持与此类标准相结合的共同数字资产组合，并轻松地将这种组合扩展到国外市场。这种全球数字资产重组方法（见表6-2）包括一套共同的流程和标准，来创建和管理所有的数字资产——无论是在国外市场创建，还

**表6-2　公司－创新资产连通性战略**

| 战略 | 本土化力量强度 | | | |
|---|---|---|---|---|
| | 政府法规和政策 | 数字基础设施 | 商业文化 | 耦合本质 |
| 全球资产重组 | 低 | 低 | 低 | 紧耦合 |
| 区域资产重组 | 中到高 | 中到高 | 中到高 | 松耦合 |

是从其他地方买入——从而加速资产重组，并从中产生更大价值。另一方面，在国外市场，由于存在更加本土化的数字基础设施、数据使用政策和其他法规，公司也许需要开发和保持一个与其他公司数字资产更松散地结合在一起的数字资产组合。我们称之为区域数字资产重组方法。这种"封闭的"方法反映了需要更多地遵守本土约束和规则，以及更加关注区域（本土）数字资产再利用，而不是全球再利用。

以江森自控公司为例。[18] 该公司目前提供一整套建筑技术——从供暖、通风和空调系统到消防、安全和建筑管理系统。自公司创建以来，大部分时间里，在创新和制造各种机电设备、提高建筑效率和舒适度方面，该公司一直处于领先地位，但到了 20 世纪 90 年代和 21 世纪前十年，随着世界其他地区的低成本竞争对手逐渐占据主导地位，该公司的利润一直在下滑。因此，从 2010 年后开始，该公司又回到其主业，即自动化和控制领域，开始进行数字化改造。公司的四个主要部门——消防、安全、暖通和控制系统——的大多数相关产品都实现了数字化，这改变了该公司的创新方式。

为了应对智能互联建筑管理系统日愈增长的需求，该公司开发了一种复杂的、基于云端的数字解决方案，它充分利用了物联网、基于传感器的实时数据收集、边缘计算、基于云端的分析以及人工智能和机器学习的能力——实际上，它为客户提供了整个智能建筑生态系统。收集到的实时数据经过分析，可以为设备经理提供能源使用、安全漏洞、建筑设备性能、空间优化和许多其他性能因素的信息。

在成为这样一家纯粹的智能建筑管理公司的过程中，江森自控更广泛的做法是开发和维护快速增长的多功能数字资产组合——这些资产都建立在强大的新技术之上——它能够以不同的组合方式使用，以满足不同的市场。该公司还允许创建通用的结构化数据存储库，在此基础上大规模构建创新应用程序（通过混合和匹配数字资产），以满足特定的客户需求。为此，江森自控推出了其开放数字平台 OpenBlue，该平台汇集了其所有数字资产，它能够组合来自建筑物内外的数据。公司首席执行官乔治·奥利弗（George Oliver）指出："OpenBlue 反映了我们如何看待建筑正在从非灵活性资产向动态资源的演变。"[19]

该公司在这一数字创新计划中的进展表明了全球资产重组和区域资产重组的方法，以及江森自控对不同国际市场本土化力量的重视。该公司首席数字官和首席客户官迈克·埃利斯（Mike Ellis）指出，在推动数字创新的过程中，江森自控公司有效地利用了其全球足迹——但与此同时，通过先进的技术，它根据其运营所在区域调整了自己的方法。[20]该公司在不同部门使用了一套通用的数字技术和标准，使数字资产可以轻松地跨越国界，与其他数字资产相组合，但它也考虑到了那些很可能影响使用和重组这些数字资产的风险和收益的区域因素。

例如，江森自控在 2010 年之后开启了数字化之路，当时的首席执行官亚历克斯·莫利纳罗利（Alex Molinaroli）提出了中国优先主题，承认中国为数字创新试验和发展提供了无限可能的机会。虽然该公司开展了几项颇有前景的项目，涉及人工智能和机器学习的应用，但很明显，从一开始，其大部分数字资产开发工作就紧紧嵌入当地的数字（数据）基础设施和市场环境中，强调数字资产在区域内的再利用和重组，而不是在全球范围之内——实际上，该公司在中国遵循的是区域资产重组方法。例如，江森自控在中国的一个重点是建设智能医院，这要求该公司不仅要与当地医疗机构合作，还要利用建立在本土化数字基础设施上的数据，从而限制了数据的可移植性和与全球市场的相关性。同样，另一个早期项目通过开发广泛的数字营销存储库，并利用人工智能指导其在不同环境下的使用，来提高在中国的销售和营销运营效率。再者，尽管公司数字化之路背后的理念具有更广泛的相关性，但该公司很快意识到，其所开发的数字资产不易移植且难于在国外重组。事实上，一位高管指出的，在中国推出的数字创新计划并不一定有助于该公司的全球资产组合。然而，江森自控确实在数字创新和数字资产管理方面获得了一些重要经验教训；随后，当该公司在比利时启动类似计划时，这些经验教训得以利用，以通过数字技术优化业务流程为首。

另一方面，江森自控宣布与新加坡经济发展局合作，在新加坡建立一个创新实验室，这代表了全球资产重组方法。该计划将利用新加坡当地的研究机构和其他技术合作伙伴，但重点将放在开发数字资产——特别是那些将建筑、空间和行为数据与物联网、边缘计算、人工智能和机器学习相结合的资产——它可以为公司的亚太和全球市场提供数字解决方案。事实上,该计划主要基于新加坡的吸引力,它是企业为全球市场开发新的数字解决方案并将其商业化的理想之地。在第二章,我们提到了敦豪集团发布的《DHL 全球连通性指数报告》。在其全球连通性指数排名中,新加坡排名第二,这表明了其高度全球化的商业环境。

在数字资产重组方面,追求区域(本土)或全球范围数字创新的重点在很大程度上取决于国外市场的数据政策和法规。与江森自控公司一样,许多跨国公司在认真评估本土化力量的基础上,提前意识到了这一点。例如,联合利华在上海建立了一个创新中心——人工智能中心,专门致力于开发"在中国,为中国"的创新资产,这表明了该公司的区域资产重组方法。联合利华之所以这样做是有充足的理由的。人工智能中心不仅采用高性能计算机及一系列配备了建模和人工智能(数据分析能力)的其他数字工具,进行虚拟设计、开发和测试新产品概念,它还将在创新过程中纳入当地实时市场和消费者的数据。例如,直播已经在中国的电子商务领域引起了巨大轰动,人工智能中心将挖掘和利用这些数据流中的信息来捕捉和预测趋势,指导创新工作。同时,考虑到中国电子商务数据流和基础性的数字基础设施的特殊性,机器学习算法和其他数字资产也将本土化,将其再利用和重组限制在区域背景中。然而,联合利华高管扎维德·阿赫塔尔指出,在中国的人工智能中心确实以能够有助于该公司的全球创新资产的方式,提供了"一个可以在世界其他地区进行复制的更广泛的模板"。[21] 换句话说，根据国际市场环境——无论是全球化的还是本土化的——同样的创新结构能够代表不同的创新资产重组和价值创造方法。

## 总结

本章以一个问题开始：跨国公司应如何应对正在被数字化和本土化力量彻底改变的全球创新格局？

我们的答案包含了两组典型战略：

1. 数字化创新伙伴关系和数字化中心战略，指的是跨国公司与全球创新源（合作伙伴）在互动的紧密度和强度以及创新资产共享的性质和程度方面的关系。

2. 全球资产重组和区域资产重组战略，指的是跨国公司如何管理其数字资产组以及其推动的资产再利用和重组的范围。

重要的是，这些战略所反映的对创新寻源和创新利用的重视是同一枚硬币的两面。如果本土条件限制了它们在另一个市场的可移植性和重新配置，那么从一个国外市场获取的创新资产的价值可能会降低。例如，公司可能会通过从国外市场的合作伙伴那里获取数字创新资产，然后将其与自己的数字资产结合，以进行创新。但本土政策可能会限制合作伙伴资产的可移植性，从而引发对公司在创新项目上投资的质疑。此外，这种本土约束往往是动态的；与知识产权、数据存储和数据隐私相关的政策可能都在不断演变。因此，跨国公司面临的一个关键挑战，是在不同市场和企业之间，如何确保创新寻源战略和创新资产重组战略保持一致，以使其数字资产的价值最大化。

下面，我们将讨论数字化时代商业模式的国际化。

# 第七章

CHAPTER 7

## 数字化时代商业模式国际化

由于可行的全球商业模式能够创造独特、持续的竞争地位，它对全球业务具有重大影响。在跨国公司内部，成功的商业模式，无论是在国家、区域，还是在全球范围内采用，往往带有一定程度的嵌入性——也就是说，它的范围是由公司拥有的一套独特流程或能力决定（或制约）的。譬如奈飞公司（Netflix）卓越的数据分析能力，或者易集与创意者的独特关系。尽管商业模式可以被模仿，这种嵌入性使商业模式的开创者在一定时期内保持了竞争优势。此外，在国外市场，全球商业模式模板能够提供一个整体架构，将跨国公司内部系统——其战略、结构和资源——的各种组成部分快速整合。它使公司能够专业化；当世界不同地方出现新的增长机会时，它使公司能够更加迅速地采取行动，抓住机会，更好地利用与公司优势相契合的全球开放资源。例如，路易威登（Louis Vuitton）的成功主要来自它在全球扩张时采用了相同的商业模式：在其进入的每一个国外市场，该公司都通过高端百货商店的独立精品店售卖其产品。

但是，当很多跨国公司把本土商业模式复制到其他国家时，都以失败而告终。以几家著名的美国公司为例，它们都未能将自己的商业模式成功地移植到中国。家得宝（Home Depot）意识到，它的商业模式在中国并不适用。中国的家居建材市场是一个"替我动手"的市场，而非"自己动手"的市场。同样，易趣的线上拍卖模式在中国遭遇滑铁卢，主要是因为它没有意识到在一个社会关系和人际信任至关重要的国家，在买卖双方之间建立社会联系的重要性。

在所有条件相同的情况下，当跨国公司服务全球客户时（各国的需求差异不大），其商业模式更有可能移植到其他国家，并适用于其他国家。然而，制度、监管、法律、社会文化和基础设施条件也可能成为影响商业模式移植到其他国家的因素；正式的制度条件可能决定是否允许某些商业模式或商业模式的某些活动进行移植。非正式的制度条件也可能会影响可移植性，因为消费者价值主张容易受到目标市场流行的消费文化和规范的影响。事实上，上述家得宝和易趣的例子说明了消费者文化和商业文化的差异是如何使公司部署其全球商业模式的计划付诸东流的。

基础设施条件也很重要，因为全面实施商业模式必然会依赖于东道国的配套产业，如物流和数字基础设施，为目标客户创造消费者价值主张，并向其进行传递。例如，亚马逊于2019年7月关闭了在中国的市场，结束了与阿里巴巴和京东在这个世界上人口最稠密国家长达15年的激烈竞争。和亚马逊一样，阿里巴巴和京东采用的是企业对消费者模式，但它们能更好地适应并满足小企业（通过提供贷款和商业信贷）和消费者（通过捆绑支付宝或微信支付）的需求。

在商业模式国际化方面存在的这种差距，不仅可以归因于跨国公司如何调整好其全球商业模式模板，以适应国外市场（在监管条件、基础设施和文化方面），还可以归因于在这种国际化过程中，跨国公司如何有效地使用数字技术。换言之，仅认识到需要调整商业模式，使其适应新的市场环境是不够的。同样重要的是，要认识到在数字技术的帮助下，如何进行有效的调整。在本章，我们将更加关注跨国公司如何在当代高度数字化的全球商业环境中实现其商业模式的国际化。

## 数字化全球商业连通性和商业模式国际化

### ● 数字化如何改变跨国公司的国际化进程

数字技术很有可能改变跨国公司的国际化进程。虽然其中一些问题在前面章节已经强调过，但我们还是值得在商业模式的背景下重提这些问题。

首先，当数字化推动商业模式国际化时，距离就不那么重要了。数字化有助于跨国公司提供客户价值主张，有效解决与距离相关的问题——例如，通过全球电子商务平台将产品送到客户手中的问题。通过为公司提供新的、较少受时间约束的获取知识和学习开展海外业务的途径，数字化也减轻了"外国人的责任"。现在，公司能够在不亲自现身的情况下，通过广泛可用的信息资源充分了解东道国，或者通过激进的收购来了解如何在当地建立合法性。更广泛地说，当业务功能和流程可以虚拟化时，地理距离问题在很大程度上就得以缓解。

其次，数字化已经使外商投资承诺的增量减少。传统观点认为，跨国公司只能渐进地获得特定地域的知识，或者做出资源和市场承诺。[1] 然而，数字化给跨国公司创造了大量跃进的机会——这一概念被称为"跳板观点"。[2] 这一观点的核心，是跨国公司以递归方式利用国际扩张作为跳板；在很大程度上，这得益于数字化全球商业连通性，跨国公司可以更轻松、更快捷地获得其他公司的上下游资源，这使跨国公司能够更有效地与国内外的全球竞争对手竞争，同时减少它们面对来自国内的制度和市场约束时的脆弱性。

再次，在数字化背景下，路径依赖不再那么重要。商业模式国际化曾一度是大型老牌公司（通常来自西方经济体）的专属。但是，数字化缩小了走向全球所需的最小规模和范围，使小企业和初创公司能够快速将其商业模式国际化，这抵消了较大型跨国公司的路径依赖效益。所有这一切催生了新的全球参与者（数字颠覆者和新兴市场跨国公司），它们普遍规模精简、行动敏捷，积极进取，且具有成本优势。一个典型例子是金侦雄（Kim Jung-Woong）所创建的韩国吉珀可莱集团（GP Club）。在两年多一点的时间里，该公司杀出重围，从众多全球和本土巨头竞争者中脱颖而出，凭借中国消费者热衷购买的护肤面膜品牌肌司研（JMsolution），创建了一家市值13亿美元的公司。它的快速成功在于数字化全球商业连通性在中国的一种形式：代购或者"代买"，即在海外购买热销商品，然后通过数字方式在国内转售，通常是通过微信——截至 2020 年，该平台每个月有着近 12 亿活跃用户。

最后，随着数字化的发展，作为商业模式国际化的工具，跨境并购已经非常普遍。跨国公司在国外直接投资的目的往往是通过实体搬迁或生产转移，以及通过建立独资或合资企业设施进行的地域扩张，来降低劳动力和生产成本。但数字化削弱了这种实体搬迁或转移的动力，使海外共同生产和合作开发变得更加可行。另一方面，跨国并购已成为一种合理且通常更快的解决方案，它可以扩充国际立足点，将成功的商业模式从现有市场转移到新市场。对于来自新兴经济体的跨国公司来说，这种解决方案也越来越受欢迎。例如，总部位于巴西的跨国化妆品和个人护理制造商 Natura 就采用了这种并购方式来快速实现国际化。2017 年，它收购了（以 12 亿美元）总部位于英国的美体小铺（Body Shop）；2014 年，它收购了（以 6800 万美元）澳大利亚的化妆品公司伊索（Aesop）；2019 年，它收购了（以 20 亿美元）美国的雅芳（Avon）。在所有这些收购及其后续运营中，有一点是共同的：Natura 的核心商业模式，即通过利用数字技术，专注于提供根据客户情景定制的客户体验。该公司 99% 的产品订单交易都是通过数字方式完成的，它还使用了专用的数字平台（该平台集成了客户关系管理和高级数据分析），对所有客户接触点进行充分分析，并与数千名美容顾问建立了联系。

### ● 数字化如何塑造全球商业模式

　　商业模式描述了跨国公司如何创造和获取价值，它包括独特的活动和资源结构、创新的客户价值主张，以及获取和分配经济价值的方案。[3] 一方面，跨国公司的商业模式应该在全球具有可扩展性，并在一定程度上具有跨境稳定性和可转移性。另一方面，如果这些模式要在多种多样、瞬息万变的国际环境中获得成功，就必须具有灵活性和动态性。这表明了在全球商业模式设计中多重敏捷的重要性——既要有全球一致的商业模式，也要有能适应当地的商业模式变体——这关乎在第三章到第六章中描述的数字化全球商业连通性的每个维度（和相关元素）如何与商业模式国际化产生关联。

　　全球数字平台（如电子商务市场）使公司能够迅速建立直接渠道，以十多年前几乎不可能的方式与国外市场建立联系，从而重塑其商业模式的关键要素——价值传递机制——以适应当地环境。同样，社交媒体和其他数字渠道帮助公司在其品牌和全球客户之间建立直接联系，使公司能够以符合不同市场消费文化的方式重新诠释其价值主张。然而，使用此类数字服务的跨国公司面临的一个关键挑战，是如何在不同渠道和设备之间实现某种程度的全球一致性，同时适应不同的国外市场特质。例如，世界领先的美妆公司欧莱雅（L'Oréal）使用单一数字平台 Demandware 对 25 个以上的不同品牌进行所有渠道的数字化消费者互动管理，这些渠道包括网页、手机、商店和社交聚会。这样的单一数字平台政策使该公司能够轻松扩展，对接全球数百个电子商务网站和其他数字接触点。这使得欧莱雅能够确保跨渠道和设备的全球品牌一致性，同时有能力为每个独特品牌和地域创造截然不同的体验。

数字化全球商业连通性还促进了全新形式的合作和依赖，推动国际企业比以往任何时候都更多地根据本土（区域）网络（或商业生态系统）来构建其商业模式。虽然这些网络结构有助于加速商业模式国际化，但它们对跨国公司也有两个重要的影响。第一，它们使跨国公司接触到商业模式不同、成本基础各异的新合作伙伴；这些合作伙伴有可能成为未来的竞争对手。这种不同商业模式的混杂能够激发跨国公司自己努力创新商业模式。第二，由于跨国公司的商业模式扎根于生态系统，竞争从公司转移到了生态系统，迫使公司在设计商业模式时采用更为广泛的生态系统视角。

数字化全球商业连通性还使跨国公司能够连接到国外市场的全球开放资源。这种可得性已经改变了很多公司的全球商业模式，使它们能够强调独特的活动或过程；通过这些活动或过程，它们保持了竞争优势，同时通过交叉授权经营、联盟和收购来利用全球开放资源。就各种各样现有的、可得的中介资源或投入而言，现在获取资源的市场环境与十多年前截然不同；这些中介资源或投入包括专业工业设计、应用技术、关键零部件、分销专家、总物流解决方案供应商、广告和推广专家等。

最后，作为数字基础设施和平台的基础，模块化和标准化使得同一行业内以及不同行业间的跨国公司能够在更大程度上交叉共享关键资源——从零部件和供应基地到分销渠道。数字化全球商业连通性还能够将一个或多个业务流程的运营所有权转让给根据预先制定的标准提供或管理服务的外国实体。所有这一切使得跨国公司能够以不同的方式（混合和匹配不同的要素）来拆解它们的商业模式，以适应不同的区域和市场环境，同时又不失去监控和协调遍布世界不同地区的活动的能力。

## 为数字化时代创新全球商业模式

数字技术能力和可见性与国际市场环境提出的本土化需求相结合，推动许多跨国公司对其全球商业模式进行创新。商业模式创新有几种途径；这里我们着重介绍一些与数字平台和数字基础设施有内在联系的途径。

在使跨国公司能够迅速重新考虑其核心价值主张以适应不同国外市场方面，与本土（区域）平台的合作伙伴关系发挥着重要作用。回顾我们在第四章讨论过的拜耳的数字农业平台。我们指出，它为欧盟、北美和南美的农场主提供的价值主张并不适合印度这样的市场；在印度，农民拥有的土地较少，使用的数字设备功能较弱、用途较少。因此，该公司将与当地平台的合作伙伴关系作为中心战略，重新定义了其业务模式，并实施了其价值主张的本土化。例如，拜耳公司作物科学部门与印度烟草公司合作，使用其数字农业平台 e-Choupal 4.0 作为与印度农民联系的新渠道（还作为当地农民的市场，提供大量按需咨询服务）。[4] 这使拜耳能够在价值交付方面进行创新，并在印度市场扩大其作物咨询服务的覆盖面。更重要的是，它使拜耳能够将其价值产品与更加本土化的价值产品结合起来，提供给农民，从而以本土化的方式重新诠释其价值主张。

这种重新定义价值主张以适应当地市场的合作关系，还可能使多家全球性公司走到一起，以独特的方式把各自的能力汇聚在一起。例如，法国电信巨头 Orange 和美国软件公司红帽公司［Red Hat，现在是 IBM（国际商业机器公司）的一部分］合作，为非洲和中东的客户创造本土化的价值主张。Orange 在突尼斯成立了一个数字化中心，通过数字化转型和地方创新为初创公司提供支持。Orange 和红帽公司在这一地区共同开发了一个扁平的云平台。Orange 专注于通过数字化实现网络转型，而红帽公司则专注于提供一个多供应商、多应用程序的网络，充分利用云计算能够提供的一切。同样，在埃及，红帽公司提供了一个软件定义的分布式架构，使 Orange 埃及分公司能够根据当地客户的需求提供网络安全和恶意软件保护等服务。

商业模式创新的另一种方法是将全球数字（数据）平台置于本土（实体）生态系统之上，以创造价值。医疗设备和制药行业就是一个很好的例子。例如，随着美国食品和药物管理局放宽了对新药和医疗设备进行临床试验地点的限制，许多跨国公司开始在印度和巴西等国家进行一些产品的试验，最大限度地降低成本。接受试验的患者及其医生和所在医院、相关的医疗服务都是当地医疗生态系统的一部分，但从试验中收集到的数据是通过跨国公司自己的全球数字平台进行传输。这不仅有助于降低此类试验的成本，而且还确保了高水平的准确性和可靠性。因此，挑战在于确保全球数字平台与当地实体生态系统的适当整合，反过来，这又需要训练有素的当地人才、适当的数字化监测和报告系统，以及与当地数字基础设施相匹配。来自卫生部门的病例涉及产品开发，但就这一问题而言，更广泛的见解是，这是跨国公司对其商业模式进行创新的机会，即通过将其全球数字平台与本土（区域）商业生态系统相结合，创造本土化的价值产品。因此，挑战还在于提出新的机制——程序、基础设施和文化三种要素——将它们有效地连接起来，创造价值和交付价值。

数字化商业模式的范围还能够很容易地修改或扩展，以服务相邻的（甚至不相关的）市场，这意味着它是在国外市场进行商业模式创新的另一种途径。具体来说，跨国公司能够将其产品移植到一个价值主张与其在母国提供的价值主张差不多的国外市场，但随后它可能会在该国外市场发现可以通过同一价值创造（交付）平台来获取的新机会，而这种机会在其母国根本不存在。例如，中国无人机制造商大疆公司成功地在国际上进行扩张，很大程度上可以归因于其在主要商业模式和价值主张上的创新能力，以满足不同国外市场邻近的更新的市场。这样的机会也可能存在于其他国外市场，它表明了这种商业模式创新的更广阔前景。

## 总结

商业模式是结构化的，作为一个系统，它描述了商业的不同部分如何组合在一起，其核心是商业的两个最基本的要素：客户（通过独特的价值主张）和利润（通过独特的创收模式）。这两个要素都依赖于国外市场的特性，公司需要将商业模式本土化。事实上，将商业模式国际化以适应不同的国外市场的过程能够激发创造、交付和分配价值的新方法——即商业模式创新。

我们的讨论表明了商业模式的数字化本质是如何使这些创新变得可行和可扩展的，它阐明了两个要点：

1. 与不同国外市场的本土和区域数字平台建立合作关系，可以使跨国公司能够以高度本土化的方式重新诠释其核心价值主张，从而提高其市场契合度。

2. 跨国公司能够通过以下方式创新其商业模式：①将其全球数字平台与本土（区域）商业（实体）生态系统相结合，创造本土化的价值产品；②调整其数字化商业模式的范围，服务于不同区域的相邻（不相关）市场。

与此同时，进行这样的商业模式创新并非没有阻碍和挑战。通常情况下，这一过程可能会导致根本性的变化，从而影响到跨国公司的很多方面，尤其是在跨国公司如何与进行创新的外国子公司建立联系方面。无论这些战略性业务部门或一线子公司获得多大的自主权，执行或创新商业模式都需要全球规划、跨境协调、总部控制、高层管理支持和部门间共享，所有这些都可能造成意想不到的阻碍。虽然这方面的讨论超出了本书的范围，但稍后我们将在第十章探讨克服这些障碍所需的一些组织能力。

接下来，我们探讨数字化是如何改变全球创业的。

# 第八章
## CHAPTER 8

# 数字化时代的全球创业

来自黎巴嫩的露露·哈桑·巴兹（Loulou Khazen Baz）于 2012 年在迪拜创办了她的初创企业 Nabbesh——它是阿拉伯世界首个线上就业市场（在阿拉伯语中，Nabbesh 的意思是搜索）。虽然哈桑·巴兹之前有过一些工作经验，但她之所以能够实现自己的创业计划，主要还是得益于另外三个因素。首先，其公司瞄准了中东和北非地区——该地区当时失业率相对较高，同时很多人在工作中寻求独立和自我选择，这使他们走上了自由职业道路。其次，迪拜快速发展的创业生态系统使哈桑·巴兹能够找到合适的合作伙伴、支持者和顾问。最后，更重要的是，数字革命当时已经触及中东和北非地区，这为推出一个能将当地企业与成千上万自由职业者联系起来的数字化平台创造了条件。在过去十年左右的时间里，Nabbesh 增长显著，成为阿拉伯世界最大的自由职业者市场，拥有 10 万多自由职业者，为通用电气、IBM 和脸书等很多国际公司提供服务。[1]

乍看起来，阿拉伯女性、数字企业家哈桑·巴兹的故事似乎是独一无二的。然而，一期《全球创业观察》（*Global Entrepreneurship Monitor*）报告指出，在世界各地，这种创业故事现在越来越常见。[2] 事实上，在世界大多数地区，早期阶段创业活动的总量——根据积极参与创业或经营新企业的成年人比例来衡量——一直在持续增长。虽然各国的增长速度千差万别（例如，在拉丁美洲，巴西的增长速度高于哥伦比亚和墨西哥），但毫无疑问的是，在世界范围内，新出现的、更为广泛的前景是创业活动在呈上升趋势。重要的是，世界上大多数初创企业（尤其是科技领域的初创企业）至少参与了一项跨境活动，这是全球创业企业的普遍特征。[3]

有几个因素——从高效的全球供应链到占主导地位的全球消费文化——可能说明了全球创业中的这种良好势头。与此同时，正如哈桑·巴兹和她的 Nabbesh 一样，数字化是一个重要的因素，也有可能是最为关键的因素。

数字技术对创业的性质和过程都产生了深远的影响。事实上，已经出现了一个名为数字化创业的单独领域，专门研究数字技术的影响。[4] 例如，数字化众筹平台使创业者能够从世界各地的投资者那里获得资金。3D 打印和虚拟现实技术等基于数字技术的工具使创业者能够以低成本打造和测试其产品。全球数字化电子商务平台，如亚马逊和阿里巴巴，为创业者提供了途径，使其能够即时进入全球市场。社交媒体平台使创业者能够直接与其全球客户联系，以较低成本打造自己的品牌。云计算、移动计算、数据分析和其他数字技术使新企业能够迅速扩展其全球业务，且相对低风险。总之，所有这些技术都有助于降低创业的门槛，使数量更多、更多样化的来自发达经济体和发展中经济体的人能够参与到国际创业中——实际上，它使全球创业民主化了。[5]

一些国家认识到了数字经济推动创业、促进增长的力量，并已经对数字基础设施进行了投资，采取明确政策鼓励创业。当然，这些国家和区域性计划和措施的性质和范围截然不同。例如，在2019年9月，中国政府发布加强知识产权保护的新指导意见，以优化该国创业的制度环境。德国在2018年年底出台"数字中心计划"（Digital Hub Initiative），该计划主要关注初创企业，旨在推动该国转型为数字技术大国。2019年，约旦政府设立了数字经济和创业部，激励数字化创业。印度政府推出了"国家创新和创业政策2019计划"，使教育机构能够积极地鼓励学生、老师和工作人员参与到与创新和创业相关的活动。

在出台这些国家政策的同时，世界很多地区都建立了创业生态系统，将创业界里不同的利益攸关方聚集在一起。这些生态系统在创业启动过程中教育（指导）准创业者，促进联网和资源共享，发挥了重要作用。这种创业生态系统越来越多地建立在数字基础设施之上，消除了企业家获取关键知识和理念的物理距离障碍或国家边界限制。[6]

强大的数字技术和有利的数字政策及基础设施相结合，毫无疑问地提高了不同国家的创新能力，使跨境或全球创业快速发展起来。然而，要真正理解数字化是如何使这种跨境创业活动成为可能的，我们必须要更加仔细地研究不同类型的国际创业环境。事实上，显而易见的是，各种各样不同领域的国际初创企业都是由数字化驱动的。有些是利用数字平台开拓新的国外市场的公司，其他的则是数字原生代公司：没有数字技术和平台就根本不可能存在的公司。

在本章，我们关注三个重要的数字化全球创业背景：①利用全球数字化市场平台的微型跨国公司；②追求快速国际化的原生数字化全球公司；③老牌跨国公司主导的数字化国际企业创业计划。我们将逐个进行讨论，并探讨它们的成长和成功如何也受到了国外市场存在的全球化和本土化力量的影响。通过精选案例，我们将说明成功的数字化全球企业所采用的一些战略和做法。我们先从微型跨国企业开始。

## 微型跨国公司：数字化全球平台依赖管理

微型跨国公司是指在多个国外市场经营、销售产品和服务的小型公司。经济学家哈尔·范里安（Hal Varian）认为，在数字经济中，微型跨国公司既有规模小的优势（它们相对较小的规模带来的运营和销售灵活性），又有老牌跨国公司的优势（从全球视角接入市场，并探索技能和劳动力成本需求变化的能力），这使微型跨国公司发展迅速，异军突起。[7]

对很多微型跨国公司来说，它们得以存在的基础是亚马逊、阿里巴巴、京东和易贝等全球电子商务平台提供的"即插即用"服务。同时，这种对电子商务平台的过度依赖也造成了依赖性，这可能会扼杀微型跨国公司的持续增长，甚至生存。

以在阿里巴巴全球贸易服务平台上运营的中国微型跨国公司为例。阿里巴巴通过旗下各种子公司，为微型跨国公司提供大量服务，其中包括在天猫国际或来赞达（Lazada）平台上开设专门的"店面"，从蚂蚁金服获得小额贷款，通过支付宝与客户交流和管理支付，通过阿里妈妈进行数字化营销，以及通过菜鸟处理物流和运输。一旦微型跨国公司开始借助这些不同服务，整合其所有业务，那么该公司的命运将很大程度上与阿里巴巴的决策紧密相关。中国一家微型跨国公司的首席执行官告诉我们："在与阿里巴巴全球贸易服务打交道时，在各种服务条款和收入分成方面，我们真的没有任何讨价还价的能力……通常情况下，为了生存，我们唯一的选择就是同意所有强加的条件。"[8]

在国外市场，微型跨国公司还面临着经营风险。例如，在易集上向国外市场提供手工产品的卖家，其知识产权很容易被窃取。与老牌跨国公司不同，它们没有资源通过法律手段解决此类问题，尤其是在它们没有实体存在的遥远市场。对小型跨国公司来说，这些风险构成了另一组脆弱性。

因此，尽管全球商业格局的数字化为微型跨国公司开拓了大量国际扩张的机会，但它们管理本土化力量带来的风险的能力——无论是区域数字化电子商务平台的力量，还是在国外目标市场缺乏适当的知识产权法规——将决定它们能否持续获得成功。

微型跨国公司应对这些挑战的一种方法是根据其发展阶

段调整其平台依赖战略。一般来说，在其早期阶段（如创业前几年），微型跨国公司从紧密嵌入或紧耦合的数字化综合市场平台中获益颇多。

以易集上的印度卖家为例。易集印度公司主管希曼舒·瓦尔丹指出，易集在印度的目标是"吸引那些在家里、在小工作室创造、设计和制作东西的人，把他们汇集到一起……我们想帮助他们，直到最后……为了创建一家易集商店，建立他们的业务"。[9] 易集上大多数的卖家都是初次创业，因此他们在平台上的经历本身就是一种学习——学习如何创业、出口商品以及管理所有相关文书工作的基础知识，包括税收。为实现这一目标，易集开展了"发现印度"活动，包括在周末举办线下活动，制作短视频，这一切的目的是为了建立认识，帮助微型企业家了解易集提供的出口潜力。该公司还创建了一个入驻助理团队，团队会到全国各地与卖家互动（见面或电话交流）。据瓦尔丹解释，他们"多多少少成了这些微型企业家的顾问……他们不只是帮助卖家建立店面或建立贝宝（PayPal）账户……他们还就库存管理等基本业务流程向卖家提供建议……甚至帮助他们优化店铺，使他们为成功而努力"。[10] 所有这些手把手的指导至关重要，因为对很多微型企业家来说，他们的第一笔订单是出口销售。

许多其他电子商务平台也提供类似服务组合，既培训微型企业家，又帮助微型跨国公司建立出口业务。例如，缤客（Booking.com）提供广泛的专业在线服务，不仅帮助小客栈接触到世界各地的客户，还使其后端业务自动化，提高运营效率，如处理来自外国客户的付款。

但是，随着微型跨国公司走出早期阶段，业务逐渐成熟，它们依赖单一平台的弊端往往会大于相关好处。在这一点上，对微型跨国公司来说，与个别数字化市场平台进行更大程度的松耦合就越来越有意义。具体来说，它们可以组合和匹配不同电子商务服务供应商提供的服务——例如，将一个平台的运输系统与另一个平台的支付系统结合起来——有效地利用全球数字市场基础设施提供的即插即用灵活性。另一种方法是利用行业协会和政府机构推广的数字化电子商务平台。例如，在印度，针对微型跨国公司，印度出口组织联合会已经推出了一个名为 GlobalLinker 的联合品牌数字化平台。它汇集了不同垂直领域（航运和物流、外汇和银行、移动连接、知识产权管理和数字营销服务）合作伙伴提供的电子商务服务组合。

微型跨国公司还可以通过专门瞄准全球化市场，特别是在其成长初期，降低知识产权风险和其他相关风险。这种方法使微型跨国公司能够在其最脆弱的时候，利用国外市场有利的政府政策和法规，以不同的方式保护自己。印度服装行业一家微型跨国公司的创始人指出："我们最初只关注欧盟等大型市场，虽然我们过去曾收到过包括南美在内的其他地区的市场合作意向……然而，现在我们已经对自己的能力有了足够的信心，相信自己能够使用这些数字平台，开拓市场，靠我们自己……现在，我们正在其他（国外）市场寻找机会，这么说吧，在更具挑战性的市场。"[11] 重要的是，数字技术越来越有利于微型跨国公司提高自己开拓市场的能力；例如，基于区块链的智能合同不仅可以确保交易完整性，还可以实现智能知识产权管理，这表明微型跨国公司可以通过使用适当的数字基础设施，安全地从全球化市场过渡到本土化市场。[12]

更广泛地说，数字化使微型跨国公司能够适应不同的全球电子商务平台和市场，或者重新调整其方法，以适应不同的全球电子商务平台和市场——从紧耦合到松耦合——以管理与国际扩张的相关风险。

## 原生数字化全球公司：追求黏性商业模式 🌐

原生数字化全球公司指不仅生来就是数字化的，而且是生来就全球化的公司——也就是说，那些建立在数字技术基础之上（就其运营和产品而言）、从成立之初就追求快速国际化的公司。在我们现在的经济中，这样的原生数字化全球公司不胜枚举——从爱彼迎、Ola 和优步等共享经济公司到奈飞和Zoom[①] 等科技公司。

原生数字化全球公司的一个特征是，它们可以依赖数字化注入或数字化驱动的商业模式，迅速在多样化的国外市场找

---

① Zoom 是美国一家提供网络视频会议服务的高科技公司，其创始人是美籍华裔工程师袁征。——译者注

到立足点。正如我们在第一章所言，成立于 2008 年的爱彼迎，在不到 10 年的时间里，将业务扩展到 190 多个国家，而成立于 2010 年的优步，仅用了大约 8 年时间就在 63 个以上的国家建立了业务。底层的数字化商业模式的可移植性可能有助于解释其快速的国际化步伐。与此同时，过度依赖简单地将数字化商业模式移植到新市场，而不考虑国外市场环境的独特性，可能会产生相当大的负面影响。

还记得我们在第一章简要提到过的印度连锁酒店 OYO 吗？OYO 酒店成立于 2013 年，仅用了大约 6 年时间，就发展成为世界最大的酒店集团之一。在新冠肺炎疫情之前，该公司的估值约为 100 亿美元，业务遍及全世界 18 个国家的 800 多个城市（包括印度、马来西亚、阿联酋、中国、巴西、英国、菲律宾、日本、沙特阿拉伯、斯里兰卡、印度尼西亚、越南和美国），并以每天一家酒店的惊人速度在全球扩张。然而，OYO 酒店国际增长的很大一部分不一定是由其独特的数字化商业模式推动的，而是来自软银和其他全球风险投资公司的无限投机性投资。[13]

OYO 酒店似乎没有对其正在进入的国外市场的关键方面给予足够重视，这些方面决定了商业模式的长期可持续性或黏性（商业模式如何嵌入当地环境中），包括当地文化问题。例如，过去几年里，在不同国家，该公司面临着来自酒店合作伙伴的一连串投诉和诉讼，质疑其合作伙伴关系的可持续性。随着原生数字化全球公司快速国际化，它们的国外合作伙伴关系和文化基础往往比创新数字技术本身更加重要，因为这种文化纽带可能决定商业模式在该市场的黏性。在后疫情时代，OYO酒店不得不退出一些国外市场，这表明在这些市场，其商业模式与当地环境严重解耦。

在一些亚洲市场，优步的经历也是如此。例如，优步之所以被印度本土竞争对手Ola超越，原因之一在于Ola对印度、新加坡、澳大利亚和亚洲其他国家和地区消费者的需求和行为的关注（如消费者对特定支付方式的偏好）。同样，优步缺乏对当地法律法规的关注，这无疑限制了其在澳大利亚和英国等多个国外市场的扩张步伐。

数字技术在其部署范围和规模上具有高度的灵活性，这使得原生数字化全球公司的底层商业模式能够充分适应变化。事实上，数字技术提供的可见性（或行动可能性）[14]使原生数字化全球公司能够调整其商业模式和服务，以适应国外市场的特定环境，而不失去整体一致性。然而，有效利用这些数字技术可见性需要对国外市场环境有敏锐的理解力——从相关政府政策和法规到数字（商业）基础设施，再到商业（消费）文化。换句话说，正是原生数字化全球公司的商业模式与国外市场环境之间的耦合本质决定了商业模式的黏性，从而决定了企业的长期成功。

如果原生数字化全球公司商业模式的核心假设——在法律法规、基础设施和文化方面——与国外市场的总体情况相一致，它们可以追求紧耦合。例如，流媒体巨头奈飞公司在早期国际化的成功，很大程度上就是基于这一点——尤其是在北美和欧盟市场。前提是，在国外市场，本地通信网络的接入和免费使用是合法的。然而，当这一前提无法保证时，它就会给公司带来一系列挑战。例如，在韩国，立法者考虑修改该国的电信商业法，以规范全球内容提供商免费连接本地网络的行为，这使奈飞等全球公司不承担网络扩张和升级的成本的情况下，再也无法造成流量爆炸，获得巨额利润。[15] 奈飞适应这种本土化力量的能力，以及在某些国外市场采用松耦合的能力，可能会决定其海外扩张计划能否持续获得成功。在某种程度上，奈飞已经表现出这种适应能力。在新冠肺炎疫情期间，当很多国外市场的流媒体流量呈指数级增长时，奈飞开始在一些市场降低流媒体质量，包括欧洲、印度和澳大利亚，以减少该公司对那一地区网速的影响。

更广泛地说，虽然数字化可能促进和推动原生数字化全球公司的快速国际化计划，但它们的持续成功将取决于其如何调整商业模式和运营方式，以适应不同国外市场上不断变化的全球化和本土化力量。那些对这种背景力量视而不见，只依靠不断砸钱来实施全球扩张计划的公司，注定要失败。

## 跨国企业创业：感知和抓住跨境机遇

全球创业的第三个背景是老牌大型跨国公司所推行的企业创业计划。企业创业一直是跨国公司快速增长的重要途径，但数字化从两个重要方面改变了公司的这一能力。

第一，数字化全球商业连通性加快了跨国公司在遥远的海外市场感知和抓住新机遇的速度。在世界各地有实体存在的跨国公司的一个关键优势，是它能够感知和结合来自数字源（社交媒体）和非数字源（实体店、供应商、制造部门与政府监管机构的人际互动）的相关市场信息。但是，如果没有数字技术，很多这些在不同时空下获取的信息将在公司不同部门分别处理，从而导致市场相关洞察力的丧失。随着包括人工智能在内的数据分析技术的应用，跨国公司有可能将所有这些信息汇集到一个地方，对它们进行综合考量。

以联合利华为例，它在全球 190 多个国家开展了业务。在世界各地，该公司建立了大约 30 个"人员数据中心"，每个数据中心汇集了来自多个内部和外部来源的各种类型的市场数据（结构化和非结构化）——例如，社交媒体数据、呼叫中心数据、客户关系管理数据、本地消费者报告、本地经理报告等。然后，联合利华利用一套人工智能和数据分析解决方案整合所有这些数据，生成市场洞见，突出特定区域和当地市场的新商机。其中一些洞见可能与将现有产品投放到新市场有关，但其他洞见则意味着全新的市场可能性。

然而，令人吃惊的是所使用数据的多样性以及客户洞见生成的速度。我们在第三章简要提到过，联合利华利用人工智能对印度（宝莱坞）电影歌曲中的隐喻进行分析，并将分析结果与冰激凌产品类别的内部市场数据结合起来，在冰激凌和早餐之间建立了联系，很快就发现了一个新的市场机遇。

关于消费者认知和诉求（如通过社交媒体互动），有大量各种类型的非结构化数据，但在大公司里，通常情况下，关键的能力是对特定区域消费者的同理心，这是理解数据、与市场机遇建立关键联系所必需的。联合利华消费者和市场洞见主管斯坦·斯塔努纳森说："人们已经学会了如何理解消费者，但不是与消费者感同身受……奇怪的是，人工智能和机器学习实际上正在开始充当这一角色。"[16] 在过去几年里，这些技术已经使联合利华生成了一些关键的市场洞见，这反过来又在世界各地开辟了若干新的商业发展机遇。

数字化使企业创业计划得以实现的第二种方式是它使跨国公司能够跨越其现有行业边界，以同一内部资产进入新的市场。简言之，在国际市场上，数字化使跨越行业边界变得更加容易。我们在前面章节提到过，数字资产是高度模块化的，它可以和其他资产组合，并部署在各种各样的环境中，以满足不同的目的。数字资产固有的多功能性使跨国公司能够迅速在其现有投资组合之外的行业和市场找到有前景的机遇。此外，随着越来越多的数字资产不断注入产品和服务之中，各类行业和市场的公司都将获得这种跨行业的国际创业机会。

一个很好的例子就是中国无人机制造商大疆，该公司已迅速在消费级无人机制造和营销方面处于世界领先地位。它的成功在于创造性地利用、设计和整合航空成像、自动驾驶、相机稳定、远程控制、数据存储和传输、全球定位系统、视觉传感器和视频摄影等技术和全球开放资源。这些技术大多是数字化的或者有数字组件的。为了寻求多样化的市场机遇，大疆专注于与其他公司合作，将其数字资产和能力与其他公司的数字资产和能力整合在一起。例如，大疆与位于美国加州伯克利的3D Robotics 公司合作，开发先进的商用无人机。它收购了瑞典高端相机公司哈苏（Hasselblad），以获得新的成像技术。同样，它与总部位于美国旧金山的 Skycatch 公司合作，为日本跨国企业小松公司（Komatsu）开发工业级无人机。该计划包括将大疆的经纬 M100 企业无人机平台（硬件）与 Skycatch 公司的高精度和 3D 航空测量技术（软件）相结合。通过创新的设计、创造性的集成和模块化的生产，大疆将这些复杂的技术转变为简单、易用、成本效益高的产品，为消费者、专业人士和企业等全球性市场提供服务。更广泛地说，大疆并没有创造或发明大多数的技术；相反，它独特的创业重点一直是了解如何组合和匹配不同的技术资产，以迎接不同类型的无人机市场出现的新机遇；有些无人机市场是针对工业的，有些则是面向个人消费者的，这些市场遍及不同的地理区域。

因此，虽然数字技术增强了老牌跨国公司与国外客户、合作伙伴和资源的连通性，但它们在国际创业中的成功将取决于它们利用这些技术生成（和落实）高度背景化的市场洞见的能力。这些洞见反映了与当地消费文化和偏好、商业法规和实践，以及数字基础设施相关的特性。

## 总结

数字化为创业创造了奇迹——无论是在国内，还是在全球，而且对各种各样的企业家，无论是初次创业的企业家，还是老牌公司的企业家，莫不如此。数字化不仅降低了创业的成本和风险，还加快了企业在国际上进行创业的速度。但是，全球化和本土化力量可以批判性地将这种国际创业的成功参数置于其背景之中。在本章，我们的重点一直是让读者注意到这一观点和根本性的问题，特别是在微型跨国公司、原生数字化全球公司和老牌跨国企业创业的情况下。

目前，我们的讨论指出了三个关键点。

1. 微型跨国公司能够在不同的成长阶段调整其数字化平台战略，使其在生命周期的初期阶段与综合性的数字化市场平台实现更紧密的耦合；一旦其业务达到一定的成熟度，它将与多个数字化市场平台形成更松散的耦合。

2. 通过利用数字技术可见性，在商业模式和市场环境（全球化的或本土化的）之间实现适当程度的耦合（紧密或者松散），原生数字化全球公司能够确保其商业模式在国际市场的黏性（从而确保企业的长期成功）。

3. 通过利用其数字化全球商业连通性，快速感知和抓住新的跨界机遇，并通过生成和落实反映特定国家或区域特应性的高度背景化的市场洞见，老牌跨国公司能够进行全球创业。

更广泛地说，企业家和企业必须认真考虑不同国外市场中显而易见的本土化力量，并相应地调整其商业模式和战略。否则，数字化力量将使它们的全球创业努力止步于此。

在下一章，我们将考虑与国际商业数字化相关的一些风险。

# 第九章

CHAPTER 9

## 数字化时代全球商业风险管理

　　迄今为止，我们已经讨论了在全球化和本土化市场中，数字化全球商业连通性——基于新的、强大的数字技术——如何赋予进行国际扩张的跨国公司能够利用的新机遇和能力。虽然我们零零散散地提及过与这种数字化全球商业连通性相关的风险，但并没有对此进行详细研究。在本章，我们将重点讨论数字化全球商业连通性的"阴暗面"，更广泛地说，全球商业数字化的"消极面"。

## 从国内风险到国际风险

　　在全球商业环境下，数字化所带来的风险可分成两大类：①国内风险，指的是特定国家内部的风险；②国际风险，指的是超出特定国家范围的风险。[1] 首先，我们简要讨论每个组里的不同风险类别，然后再深入探讨在数字化全球商业连通性背景下，承载着更多意义的几种特定类型的风险。

　　国内风险包括监管风险、基础设施风险、经济风险和社会风险。

　　监管风险指的是政府对数字连接和数字商务的政策限制

对外国公司使用数字基础设施的歧视、数据安全和数据隐私方面监管的不确定性、促销政策和政府规则的突然变化。其他重要的监管风险包括知识产权保护不力、制定和执行有关数字化经济的政策透明度低。

基础设施风险指的是国家数字基础设施中各式各样的物理条件，它们决定了数字化的质量，并对跨国公司在该国的运营能力产生巨大影响。这些物理条件包括宽带供应（光纤、4G 或 5G 信号覆盖）、互联网带宽、移动通信、数据中心、云计算基础设施和物联网基础设施。

经济风险包括国家的整体经济稳健性和与数字化相关的关键经济领域的发展（如电子、计算、软件和机器人）。国家的需求规模、对数字产品和服务的开放程度，以及互联网的渗透和使用都极大地影响着跨国公司在东道国的全球数字化商业连通性。

社会风险指的是东道国的社会状况——包括社会动荡、暴力、犯罪、人口动态和贫富差距——这些状况会阻碍跨国公司在该国扩展业务的计划。不断变化的消费文化和社会规范及行为（在感知、接受和消费数字产品和服务方面）也可能给跨国公司带来风险。

国际风险包括全球地缘政治、母国与东道国关系和国际事件引发的风险。

正如我们在过去几年中所看到的那样，随着数字化加速了全球地缘政治紧张局势的外溢，全球商业不确定性增加，全球地缘政治可能会给跨国公司带来巨大且难以预测的风险。随着国与国之间贸易争端日益增多，很多政府加强了对外国公司收购的审查，更加关注与数字技术和基础设施相关的国家安全和技术优势问题。例如，在欧洲，新冠肺炎疫情后的经济崩溃使很多公司成为极具吸引力的外资收购目标。随后，许多欧盟成员国（包括德国、法国、波兰和西班牙）出于对国家安全的担忧，对外国投资和收购采取了更加严格的监管。[2]

母国－东道国关系也可能会给跨国公司带来相当大的风险，因为母国和东道国（或地区）双边关系的恶化可能导致国际商业出现更大摩擦。同样，在双边关系中，即便是小问题也会激起消费者的情绪，使其对外国跨国公司的好感度下降。

国际事件——从全球性传染病和其他自然灾害到恐怖主义、网络攻击和其他人为造成的灾害——使跨国公司面临重大的风险，因为这些事件阻碍或破坏了国际商业结构和流程。虽然数字化全球商业连通性能够帮助跨国公司应对其中一些灾难（为应对新冠肺炎，公司转向居家办公模式就是证明），但国际事件的不可预测性和影响范围仍然可能造成跨国公司业务的脆弱性增大。同样，数字技术已经使犯罪团伙或个人更易于在国外进行秘密攻击，或通过代理进行攻击。此外，近年来，与外国政府有关联的实体对跨国公司数字网络的攻击变得越来越频繁。

在数字化全球商业环境中，所有这些广泛的风险类别在一定程度上是相关的，上文谈及的这五种具体的风险，共同构成了数字化全球商业连通性风险的特点：相互依赖风险、信息安全风险、国际声誉风险、新的全球竞争风险，以及制度和基础设施风险（见图 9-1）。

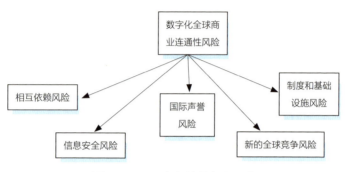

图 9-1 国际商业的数字化风险

## ● 相互依赖风险

数字全球化使国际公司更加依赖其他公司，因此也受到自身和其他公司面临的所有风险带来的更多传染效应。一个更加相互关联的数字化世界放大了外部冲击的影响，并使涟漪效应传播得更快。2008 年的金融危机表明，世界资本市场之间的联系会使危机迅速蔓延。[3] 金融体系的全球化和信息传输速度的加快增加了金融危机的风险：在一个国家发生的危机可能会蔓延到其他国家，导致世界性的危机。中美贸易战使这种相互依赖风险变得更大。此外，正如我们在新冠肺炎疫情中发现的那样，对大多数跨国公司来说，重新设计和迁移全球供应链成本高昂、流程复杂烦琐。例如，因为现在的数字化商业基础设施（如机器人流程自动化、人工智能支持的库存算法）对全球生产网络和供应链至关重要，很多美国和欧洲的公司越发意识到自身很难快速地将其业务转移到其他可以替代现有供应基地的新兴市场。从长期来看，一个重要的补救和预防措施不仅要将供应链转移到另一个国家，而且还要使供应商基地区域化（本土化）和多样化，避免过度依赖少数供应商或分销商，以及避免供应商或分销商仅来自单一国家或地区。与此同时，当公司开始着手解决这一问题时，在不同的地方，地方政府法规和雇员工会可能会构成另外一些限制。

## ● 信息安全风险

随着数字商务成为大多数行业的默认模式（尤其是新冠肺炎疫情后），跨国公司正变得极其依赖互联网上的信息交流。随着信息跨国界流动，对数据安全的关切也在增加：一旦跨国公司收集到的商业交易数据通过互联网或者任何其他公共数字网络传输，就不再安全。全球互联网入侵会使企业的系统基础设施瘫痪，或导致机密信息失窃，如客户的信用卡号码、社保号码和商业交易信息。随着越来越多的人在网上购物，企业有更多的机会收集个人数据，黑客窃取这些信息的机会也更多。这些网络违法行为造成的间接损失可能相当大，而且难以恢复，可能包括消费者信任退化和商业信誉受损。因此，对几乎所有跨国公司来说，信息安全威胁和网络攻击成了一种新型国际风险。

许多大型跨国公司遭受过的黑客攻击和入侵备受瞩目。一份报告指出，在 2017 年，网络犯罪，包括消费者数据泄露、金融犯罪、市场操纵和知识产权盗窃，给全球经济造成的损失约为 6000 亿美元，到了 2018 年，这一数字飙升至 1 万亿美元，这表明了信息安全风险的严重性。[4] 美国国土安全部和联邦调查局报告称，黑客攻击了各种各样行业的美国公司，包括能源、水利、航空和制造业等，但据报道，美国也入侵了其他国家公司的网络。同样，在 2017 年，Notpetya 勒索病毒攻击蔓延到了各个跨国公司。据估计，它给默克集团[①]（Merck）造成了 8.7 亿美元的损失；给美国联邦快递公司（FedEx）的欧洲子公司 TNT 快递（TNT Express）造成的损失达 4 亿美元；给丹麦航运巨头马士基公司（Maersk）造成的损失为 3 亿美元；给亿滋国际[②]（Mondelēz International）造成的损失达 1.88 亿美元，亿滋生产了很多深受欢迎的零食，其中包括奥利奥（Oreos）。[5]

## ● 国际声誉风险

　　数字全球化使跨国公司的声誉和危机管理变得极其敏感和脆弱。公司的声誉是人们对该组织过去和现在的看法和意见

---

① 德国默克集团是世界上历史最悠久的医药及化学公司之一，始建于 1668 年，在全球 47 个国家设立了分支机构，员工总计达 2 万多人。——译者注

② 亿滋国际是全球领先的巧克力、饼干、口香糖、糖果、咖啡及固体饮料食品商，公司总部位于美国伊利诺伊州，业务遍及全球 165 个国家及地区。原卡夫食品公司（即"Kraft Foods Inc"）于 2012 年 10 月拆分为两家独立上市公司，面向北美的杂货业务沿用卡夫食品的名字，而面向全球市场的零食业务则命名为"亿滋国际"。——译者注

的集合；这一集合存在于利益攸关者的意识之中。全球声誉或许代表着直接影响跨国公司市值的最重要的无形资产。社交媒体和其他数字连通渠道，使公司或高管的不当行为引发的损害跨国公司全球名誉的传染效应倍增。

当交易是基于对履行未来承诺的信任时，少数几家公司的倒闭可能会吞噬整个行业。例如，以英国的税务欺诈丑闻为例，它涉及一些领先的美国跨国公司，其中包括谷歌、亚马逊和星巴克。亚马逊公布其 2011 年在英国的销售额是 33.5 亿英镑，但它只缴纳了 180 万英镑的税款。同时，谷歌的广告部门在 2011 年仅向英国财政部缴纳了 600 万英镑的税款，尽管其在英国的营业额达 3.95 亿英镑。虽然它们的行为是合法的，但其后果会给浪潮般的公众舆论带来巨大的负面影响。[6] 在这个社交媒体的时代，这种公共耻辱的影响可能会持续很长一段时间，从而影响跨国公司未来的国际扩张计划。同样，虚假新闻的出现和通过社交媒体故意传播未经证实的新闻或关于公司的错误信息，也会严重而迅速地损害公司声誉。伯克希尔·哈撒韦公司（Berkshire Hathaway）的首席执行官沃伦·巴菲特（Warren Buffet）说："建立良好的声誉要花 20 年的时间，但毁掉它只需5 分钟。"[7] 数字化全球商业连通性极大地提高和加快了公司丑闻在全球的负面传播，使跨国公司的声誉变得更加脆弱。

## ● 新的全球竞争风险

数字化是下一代竞争的驱动力，它不仅增加了竞争的灵活性，还加速了竞争的动态，重新定义了竞争的活力。由于数字化推动了无数以前各自独立的价值创造活动领域的融合，行业的传统定义正逐渐变得过时。数字化还促进了很多新型全球竞争对手的出现和发展，尤其是那些建立在数字平台之上、跨越行业界限的竞争对手。尽管它们的规模很小或面孔全新，但事实证明，这些新的全球参与者速度飞快、动作敏捷，经常采用连通性的商业模式，使它们能够为高度本土化的市场创建新的、合适的客户价值主张。

与传统竞争不同的是，在传统竞争中，企业对本土和国际竞争对手了如指掌；现在，全球竞争的特点是大量小企业和原生数字化全球公司迅速崛起，跨国公司甚至可能还没有注意到这一点，一切就已为时已晚。例如，在医疗保健领域，Bay Labs[①]，AliveCor[②]，CrossChx[③]和Prognos[④]等人工智能初创企业，如今都

---

① 一家美国医疗影像软件开发公司，致力于开发和销售用于深度学习诊断风湿性心脏病的软件。由基利安·柯普塞尔（Kilian Koepsell）和查尔斯·卡迪厄（Charles Cadieu）于2013年创立；总部设在旧金山。——译者注

② 一家美国智能心电图监测设备生产商，基于自主研发的人工智能平台，该公司面向心脏功能欠佳用户，提供检测心电图中心房颤动（AF）和正常窦性心律即时分析等服务，以及移动心电图解决方案。——译者注

③ 一家美国医疗信息管理公司，于2012年成立，位于俄亥俄州哥伦布市。曾推出过一款名为Queue的医疗信息整合系统。——译者注

④ 一家美国人工智能医疗服务提供商，致力于通过分析大量健康记录和诊断结果进行临床预测，并根据患者临床特征确定最佳的治疗方案。——译者注

是飞利浦医疗保健公司等老牌大型跨国公司的强有力竞争对手。同样，近年来，Monzo[①]和Revolut[②]等数字化、纯移动的银行已经签下了数百万客户，促使大型传统跨国公司将其服务现代化，并在某些情况下，建立全新的银行品牌来竞争（如汇丰银行在英国新成立的电话与网络银行 First Direct）。

## ● 制度和基础设施风险

　　跨国公司不仅需要从数字和物理基础设施角度，还需要从制度的视角来解读一种新型的风险。为了使数字化全球商业战略发挥作用，跨国公司需要在国外市场轻松获得一致的、最新的和灵活的基础设施。基础设施风险可能来自三个方面：出现孤立的数字基础设施，或者说是网络割据；由于各种原因造成的数字基础设施中断；管理跨国公司访问和使用基础设施的规则和政策变化的不可预测性。

　　首先，正如我们在头两章所讨论的，许多国家越来越担心过于依赖少数几个主导国家拥有和运营的数字基础设施——也就是，担心数字殖民化。例如，现在，除美国外，很少有国家有能力建立大规模的云基础设施，它是一切数字化的骨干。作为回应，许多国家正在制定新的法规和政策，规定跨国公司

---

[①]　一家英国数字银行，创立于 2015 年，位于伦敦，致力于为客户办理便捷、低成本的银行业务。——译者注

[②]　一家英国金融科技公司，创立于 2015 年，位于伦敦，致力于提供数字银行账户和其他金融服务。——译者注

可以在何处存储其数据（云位置），或者投资于本国专用的国家数字基础设施，其设施在某种程度上将与互联网脱钩。就跨国公司使用全球范围内的数字基础设施，以及就它们移动数据以充分利用数据的能力而言，所有这些变化都给跨国公司带来了重大风险。

其次，正如我们从新冠肺炎疫情中看到的那样，当数字化全球商业连通性的物理和制度基础设施出现故障时，全球和数字价值链上的跨国公司将遭受严重而广泛的影响。最近的一份报告对各国关键数字化平台（电子商务、数字媒体等）的稳健性，以及在流量激增的情况下它们的互联网基础设施的复原力进行了排名。[8] 总体而言，与发展中经济体相比，发达经济体在数字化平台的稳健性方面得分较高，但在互联网基础设施的复原力方面，即使在发达经济体之间，差距也非常巨大。例如，美国、德国、加拿大和新加坡等国家的基础设施复原力得分很高，但其他很多国家，包括日本、瑞典、意大利和法国，则得分不高，这表明跨国公司不仅要认真评估一个国家的数字化平台的质量，还要认真评估底层基础设施的质量。

最后，在发达国家和发展中国家，基础设施法规和政策的广度和深度一直在不断增加，且对客户数据保护、数字税收、信息安全和国家安全等领域进行了更多的审查。此外，除了制定政策、法规、标准和数字基础设施投资的国家政府外，数字化全球商业连通性的制度和基础设施环境还包括众多参与者。例如，这些参与者包括国际电信联盟和万维网联盟等国际机构，以及行业协会、通信服务供应商、硬件和软件制造商。所有这些参与者的相关动态、他们千差万别的动机和影响，增加了国外市场上随之而来的基础设施风险的整体不可预测性。

除了这些，非正式制度——社会共享的、通常是不成文的规则，在正式制度之外创建、传播和执行——也能够决定数字全球企业的成功，因此也具有相当大的风险。海外目标市场国家的社会行为和消费规范是全球企业在评估风险时应该考虑的重要因素。例如，易贝在中国的失败主要是因为对中国独特的社交和消费行为理解不足，这种社交和消费行为被称为快速关系（与消费者快速建立个人化的长期关系）。但是，它的主要竞争对手淘宝网对这种动态了如指掌。它在自己的平台上纳入了一些元素，通过短信使得这样一种文化得以实现，促进了卖家和买家之间的个性化互动。因此，跨国公司还需要认真评估由于不完全了解国外市场相关的非正式制度而可能产生的风险。

表 9–1 提供了一个简单的 20 项 5 分制量表，用于评估跨国公司的数字化全球商业连通性的风险总量。如表所示，量表中所有 20 个项目的总分（范围从 20 到 100）可以很好地反映公司的整体风险状况。例如，总分在 80 分及以上，意味着跨国公司的环境风险过高，需要采取积极的措施来降低风险。在本章其余部分，我们将讨论跨国公司如何持续评估和管理不同类型的数字化风险。

## 表 9-1　数字化全球商业连通性风险评估表

（单位：分）

| 风险类别 | 调查项目 | | 完全<br>不正确 | | | 非常<br>正确 | | 风险<br>评分 |
|---|---|---|---|---|---|---|---|---|
| | | | 1 | 2 | 3 | 4 | 5 | |
| 相互依赖<br>风险 | 1 | 我们的许多合作伙伴位于与母国经常发生冲突的国家 | | | | | | |
| | 2 | 我们主要的全球业务和活动（如供应链、技术）高度集中在某些国家 | | | | | | |
| | 3 | 我们依赖第三方数字平台和云供应商，没有多少控制权 | | | | | | |
| | 4 | 我们的全球业务在地理上分散，但通过数字化紧密结合 | | | | | | |
| 信息安全<br>风险 | 1 | 我们公司在那些抵御网络攻击能力很差的国家和地区运营 | | | | | | |

（续表）

| 风险类别 | 调查项目 | | 完全<br>不正确 | | | | 非常<br>正确 | 风险<br>评分 |
|---|---|---|---|---|---|---|---|---|
| | | | 1 | 2 | 3 | 4 | 5 | |
| | 2 | 我们主要的国外合作伙伴非常容易受到（或经历过）网络攻击 | | | | | | |
| | 3 | 我们大量的商业数据（交易）在公共互联网或第三方云基础设施上流动 | | | | | | |
| | 4 | 作为我们业务的一部分，我们的商业数据经常跨越国界 | | | | | | |
| 国际声誉<br>风险 | 1 | 客户经常在社交媒体和其他公共数字论坛上谈论我们的公司 | | | | | | |
| | 2 | 我们公司所属行业在历史上常出现公关危机 | | | | | | |
| | 3 | 在国外业务中，我们的产品和服务使用全球品牌，而非本土化品牌 | | | | | | |

| 风险类别 | | 调查项目 | 完全不正确 | | | 非常正确 | | 风险评分 |
|---|---|---|---|---|---|---|---|---|
| | | | 1 | 2 | 3 | 4 | 5 | |
| | 4 | 全球客户对我们公司（产品）在各国声誉的一致性和连贯性相当敏感 | | | | | | |
| 新的全球竞争风险 | 1 | 行业已经出现新的竞争对手，他们利用数字技术在我们竞争的市场提供新的价值主张 | | | | | | |
| | 2 | 我们公司很容易受到邻近行业和市场竞争对手的影响 | | | | | | |
| | 3 | 商业模式的快速数字化导致我们的行业和邻近行业出现许多新的国际企业 | | | | | | |
| | 4 | 各国许多中小企业利用全球电子商务平台与我们竞争 | | | | | | |

（续表）

| 风险类别 | | 调查项目 | 完全<br>不正确 | | | | 非常<br>正确 | 风险<br>评分 |
|---|---|---|---|---|---|---|---|---|
| | | | 1 | 2 | 3 | 4 | 5 | |
| 制度和<br>基础设施<br>风险 | 1 | 我们在那些正在建立自己的国家数字基础设施的国家开展业务，这些基础设施没有和全球互联网紧密结合 | | | | | | |
| | 2 | 我们在那些对跨境数据流动和本土数据存储制定了严格和限制性政策的国家运营 | | | | | | |
| | 3 | 我们在那些受制于与数字税收、信息安全和数字基础设施准入有关的高度复杂和不透明的法规和政策的国家开展业务 | | | | | | |
| | 4 | 我们在那些拥有与我们的母国截然不同的非正式制度（如商业文化）的国家开展业务 | | | | | | |

注：风险总量评分如下：20—39 分，低风险；40—59 分，中风险；60—79 分，高风险；80—100 分，重大风险。

## 数字化全球商业连通性风险评估方法

　　数字基础设施是指定义一个国家、地区、城市或组织的通信和数字技术能力的基础服务。这种数字基础设施的要素包括从互联网数据路径、物联网、移动电信网络和云计算数据中心到数字平台、应用程序和用户设备。跨国公司需要评估国外市场这种数字基础设施的可用性、质量、成本、速度、便利性和可升级性，因为它决定了其接触客户和在该市场扩大业务的能力。

　　一种方法是借助于不同国际机构提供的国家级风险评级。例如，敦豪集团发布的《DHL 全球连通性指数报告》对大约 80 个国家的数字基础设施进行了排名，使跨国公司能够快速评估和比较不同国外市场数字基础设施的整体质量和潜力。[9]全球连通性指数评级使用了 40 个指标，涵盖了供应端和需求端数字基础设施组件，以及关键技术推动因素（信息和通信技术基础、宽带、数据中心、云、人工智能、大数据和物联网）的当前水平和未来潜力。

　　这种国际级别的评级有助于快速了解国外市场的风险程度，但通常情况下，国际业务经理需要做的不止这一点，他还需要评估具体类型数字化风险的程度（至少对公司的主要国外市场）。定性和定量方法都可以用于这一目的。在此，我们描述一些适用于评估数字化全球商业连通性风险的方法。

　　定性方法包括采用大量的专家洞见、判断输入和主观分析。

实地考察法依赖于实地的公司情报。跨国公司可以派遣一个专家团队（如来自信息技术、全球供应链、市场营销或其他领域的专家）与其国外子公司的专家一起工作，以识别和分析数字化风险情况，并提供可能的解决方案和补救措施。这种方法使公司能够调整其公司风险分析框架，以适应与国外市场相关的具体风险。

"老手评估法"依赖于经验丰富的外部专家，他们来自情报、咨询、学术和数字技术界以及行业网络。这些专家能够把来自同行公司和相关行业的洞见带到特定的国外市场，以分析与数字化相关的不确定性和挑战，并将它们转化为跨国公司在该市场运营的数字化全球商业连通性风险评估。

核对表法包括进行尽职调查，由来自相关职能和领域（如内部控制、风险评估、数字技术、全球规划、危机管理、供应链等）的专家组成的总部团队进行协调。核对表法通常要求对问题和项目进行彻底评估，并按计划实施连续的步骤。为了应对数字全球化风险，可以定期使用这种核对表法进行常规风险评估，也可以不定期地用于处理特定国外子公司突然暴发的新风险，或者更广泛地说，用于处理跨国公司全球业务中突然暴发的新风险。

权力联系法假设导致数字化风险激变的社会、政治和环境变化之间存在一系列联系。这种方法首先要求认真识别驱动这些联系的主要因素和原因（如母国和东道国之间与贸易有关的紧张关系）。这种方法还要求对权力联系的结构进行详细分析，以确定影响范围。然后，在这些范围内进行研究，以找到它们的相对强度、演变轨迹以及对商业前景的影响；最后，研究解决这些问题的最佳方案。

定性方法的缺点是它们无法垂直地、比较地、一致地揭示数字化风险的水平或数量。定量技术的出现填补了这一空白，满足了分析需求，尤其是对于高度暴露于此类风险的跨国企业。

在定量方法下，数字化风险的衡量通常是通过集成计算机建模和模拟、人工智能、机器学习和复杂性分析等技术进行列表和分析。随着各种类型的大数据可供分析——数据来自跨国公司自己的内部运营、生态系统合作伙伴和更广泛的行业环境——这些现代数据分析技术能够用于识别和评估连接经济、社会、政治和其他维度的风险模式。重要的是，这种定量方法能够让跨国公司实时监测和分析风险与相关的行为，以及分散在全球的跨国公司内部和外部的活动。

例如，基于人工智能的风险分析平台是定量方法的一个组成部分，它能够通过整合关于供应商的各种信息来评估全球供应链风险——从他们的地理和地缘政治环境到财务风险、可持续性和企业社会责任得分。[10] 同样，经过培训，基于人工智能的算法能够通过将财务交易等运营数据与其他行为信息（如电子邮件流量、日历项目、上下班时间，甚至电话通话）联系起来，来评估网络安全风险。然而，应该注意的是，其中一些方法可能会引发与员工隐私权有关的重要问题。

公司可以通过不同的方式将定性和定量方法结合起来，创建不同类型的数字化全球商业连通性风险评估系统——从早期预警系统到防止威胁发生的早期学习系统。

## 完善数字化基础设施，控制数字化风险

降低数字化风险的一种方法是提高国家的物理和制度数字基础设施的质量和范围，这就需要各国政府、私营部门（包括跨国公司）和其他参与者的努力，如国际经济组织（世贸组织、世界银行、经济合作与发展组织和国际货币基金组织）、可持续发展非政府组织和行业协会。

政府本身需要对其数字基础设施进行创新，将更多的行政和公共服务转移到线上。数字化连通性在提升行政效率、复原力和全体公民的无障碍访问程度方面具有巨大优势。印度政府在 2015 年发起的"数字印度"倡议就是一个很好的例子。它的目标是通过发展安全和稳定的数字基础设施，以数字化方式提供更多的政府服务，确保全体公民的"数字扫盲"，把印度转变为数字赋权的社会和知识经济体。[11] 在过去几年里，该倡议有效地刺激了大量投资，让农村地区连上了高速互联网络。虽然这一倡议表面上是为了惠及该国的公民和政府，但通过开发了一个能够以数字方式进入的巨大市场，它也帮助了私营部门。事实上，因为这一倡议，很多国外跨国公司已经决定

扩大它们在印度的业务。几年来，该国的电子商务市场年化增长率约为 13%，但新冠肺炎疫情成了一个拐点；仅在 2020 年前两个季度，数字商务的用户数量便呈现出指数级增长。[12]

各国政府还需要促进私营部门的贡献，包括来自其他国家的外国公司，加强与它们的合作，以强化本国数字基础设施建设。例如，政府可以营造一个有利于竞争、政策透明的环境，帮助推动私人投资和数字基础设施创新。为此，政府还应鼓励创造性的解决方案，如通过公私合作伙伴关系进行共同投资等。

跨国企业还可以直接参与改善数字基础设施，发挥重要作用，这反过来能促进其全球扩张。许多科技公司参与了上游基础设施建设（思科、三星、爱立信、日本电气、日本电信电话、沃达丰、信实、威瑞森、日立、威普罗和西班牙电话）和下游基础设施建设（亚马逊、阿里巴巴、易贝、京东、脸书、油管）。很多其他的跨国公司也通过提供数字化技术支持全球连通性，如索尼、3Com[①]、谷歌、松下、TCL、富士通、东芝等，不一而足。政府歧视外国投资者的行为会使得这些公司转移到其他地方投资，使其难以吸引新的投资者。与此同时，对数字主权的担忧正在影响政府将允许哪些外国公司投资本国数字基础设施。

---

① 美国设备提供商。——编者注

## 控制数字化风险的管理方法 🌐

虽然没有简单的解决方案来降低数字化全球商业连通性风险，但跨国公司可以采取一些广泛的战略，使自己有能力发现来自国外市场的突发商业风险，并采取措施应对，减少其对公司在该市场和其他地方业务运营的影响。在此，我们将讨论三种这样的管理方法。

第一种方法涉及跨国公司的数据、数字技术架构和战略。如前所述，新兴数字化全球商业环境的复杂性意味着，依赖孤立地分析不同数据的简单风险分析技术有可能是远远不够的。幸运的是，现在已经有了强大的基于人工智能的技术（从机器学习到自然语言处理），可以联合分析与跨国公司业务不同方面相关的不同类型的数据，以破解突发风险。换句话说，数据分析和数字技术架构已经成为跨国公司风险管理的主要助力。高度分散的数字和数据架构无法为国际业务风险管理提供一个高效或有效的框架。相反，跨国公司需要在整个企业中采用数据和数字技术架构，以便使自身感知到来自不同国外市场子公司的微弱信息或突发威胁，这些信号和威胁可能很快就会严重扰乱其全球业务。更广泛地说，跨国公司的数据和数字架构应该考虑到建立本地情报系统（与特定国外市场的突发风险有关）和全球情报系统（与全球事件引起的突发风险有关），另外，为了解整体风险的范围和模式，还应该考虑到把两者结合起来。

第二种方法涉及企业在结构安排方面做好准备，以破解和应对突发风险。在前面章节中，我们举过中国白色家电[①]巨头海尔的例子。通过创建数千家微型企业，海尔对其整个组织进行了重组；每家微型企业独立运营，为智能家居开发产品和服务。[13] 这种结构有助于缩短员工和终端用户之间的距离（这一概念被称为"人单合一"），使整个组织对来自世界不同地区的微弱风险信号保持敏感。另一种相关方法是投入资金，培训总部和子公司的风险管理人员，使他们能够在日常工作中应用其数字技能组合，以预测数字风险，提供可操作的建议，并制定降低风险的解决方案。换句话说，它涉及开发结构要素，将前面提到的数据（数字）架构和能够利用这些数据（数字）架构的员工技能结合起来，以识别和管理突发风险。为此，包括思科、IBM 和思爱普在内的许多跨国公司都建立了全球数字化风险团队——由不同学科和业务部门组成的跨职能和跨境团队，负责管理与企业核心业务或活动相关的技术（数字）和商业方面的风险。

第三种方法与外部合作伙伴相关，也是数字化风险管理的重要组成部分。其中最主要的问题是在业务连续性、数据完整性和安全性等问题上实现恰到好处的治理，无论短期还是长

---

① 指可以替代家务劳动的电器产品，主要包括洗衣机、部分厨房电器和改善生活环境、提高物质生活水平的电器（如空调、电冰箱等）。国外把家电分为四类：白色家电、黑色家电、米色家电和绿色家电。早期这些家电大多是白色的外观，因此得名。——译者注

期。例如，随着时间的推移，公司最好重新评估风险问题，如公司是否应该依赖国外市场上的单一云供应商，是否应该将客户旅程的关键部分外包给单一第三方或者重新评估核心流程的自动化程度。同样，跨国公司必须对自动化进行充分监督，无论是通过部署机器人流程自动化软件，还是在端到端客户旅程中实现系统间的数据流自动化。所有这些努力的关键任务是建立一个适当的治理框架，界定管理跨越多个合作伙伴、子公司和国家的数据、流程的责任。

## 总结

全球化正在进入一个充满极端干扰和逆境的新时代——健康和人道主义危机、客户需求下滑、反全球化情绪、监管干预、供应链崩溃、失业和经济衰退，不一而足——这些都加剧了所有类型的跨境商业运营的风险。数字化全球商业连通性能够帮助跨国公司更好地应对这种极端干扰，但跨国公司也需要采取明确的战略，提高自己的能力，既要能意识到突发威胁，又要能及时做出应对。

到目前为止，我们的讨论得出了两个重要结论：

1. 风险战略制定的一个关键部分是对不同类型的全球商业风险进行认真评估。管理者不仅要问他们自己公司的总体风险评分是多少，还要问哪个维度的风险最高，以便调整自己的风险管理策略。

2. 跨国公司应采用一套多样化的数字化全球商业连通性风险管理方法——从帮助提高全球（区域）数字基础设施的质量，到采用新的结构安排和合作伙伴（生态系统）治理战略。

而且越来越明显的是，除了我们讲到的管理方法，跨国公司的整体数字化复原力——其基于数字化的风险预测、抵御和快速从不利事件或困难中恢复的独特能力——将在管理全球商业固有的风险方面具有相当重要的作用。事实上，这种数字化复原力将补充和提升本章所讨论的风险管理方法的价值。

但是，公司如何构建其数字化复原力呢？这是我们即将讲到的第十章的主题。

第十章

CHAPTER 10

数字智力和数字化复原力：数字
化时代全球商业连通性实践

在本书开头，我们描述了两种新兴力量——数字化力量和区域（本土化）力量——如何从根本上重塑了全球商业格局，并将有可能决定跨国公司在国际扩张中的未来业绩和成功。当我们开始为写这本书做初步调研时，新冠肺炎疫情还没有出现。即使在那个时候，这两股力量壮大速度之快，将带来多么大的变革，都是显而易见的。物联网、人工智能和区块链等新数字技术已经席卷了整个商业世界，有望开创一个企业创造价值和消费者消费价值的新时代。与此同时，一大堆酝酿已久的国际问题都暴发了，这一切暴露出全球化商业世界的裂隙。

新冠肺炎疫情只是进一步加剧或扩大了这两股力量。所有证据表明，在大约八周的时间里（从 2020 年 3 月到 4 月），全世界的企业和消费者在数字技术使用方面实现了飞跃式发展，否则这需要三到五年的时间才能达到这个程度。那么全球商业世界的裂隙呢？它们现在是又深又宽的裂缝，这指的是已经出现的各种类型的壁垒，它们阻碍了跨境商业，使高度本土化的国外市场日显重要。

事实上，如果得出结论说，这些力量现在已经结合在一起，造就了全球商业新常态，这并非没有道理。

在整本书中，我们提出了数字化全球商业连通性概念，并进行了阐述，以帮助跨国公司驾驭这一新的全球商业环境。我们的讨论主要集中在与数字化全球商业连通性四个维度有关的不同要素和战略（表 10-1）。但是，对跨国公司来说，只关注其中的一两个维度，或者它们所运营的一两个国际市场是不够的。相反，它们必须从企业角度出发，考虑数字化全球商业连通性不同维度和不同地区的战略组合。重要的是，跨国公司采取的不同战略不仅需要共存，还需要相互促进，以帮助公司在全球化和本土化的国际市场上成功运营。

### 表 10-1　数字化全球商业连通性

| 连通性类型 | 本土化力量强度 | | | 战略和方法 |
|---|---|---|---|---|
| | 政府法规和政策 | 商业、数据和数字化基础设施 | 商业和消费者文化 | |
| **公司–市场连通性** | 低中到高 | 低中到高 | 低到中高 | 全球渠道整合数字化优先 |
| **品牌–客户连通性** | 低到中高 | 低中到高 | 低中到高 | 数字全球化数字文化化 |
| **平台–市场连通性** | 低中到高 | 低中到高 | 低到中高 | 全球平台区域平台 |
| **公司–生态系统连通性** | 低中到高 | 低到中高 | 低中到高 | 数字化拥抱数字化握手 |

（续表）

| 连通性类型 | 本土化力量强度 | | | 战略和方法 |
|---|---|---|---|---|
| | 政府法规和政策 | 商业、数据和数字化基础设施 | 商业和消费者文化 | |
| **公司－子公司连通性** | 低<br>中到高 | 低<br>中到高 | 低<br>中到高 | 智能中心<br>智能边缘 |
| **公司－创新源连通性** | 低<br>中到高 | 低到中<br>高 | 低<br>中到高 | 数字化创新伙伴<br>数字化创新中心 |
| **公司－创新资产连通性** | 低<br>中到高 | 低<br>中到高 | 低<br>中到高 | 全球资产重组<br>区域资产重组 |

知之非难，行之不易。随着跨国公司国际运营的范围和多样性增加，要保持数字化全球商业连通性这种方法的一致性，就变得日益复杂和困难。公司应如何应对这一挑战呢？

我们的答案——这也是本书最后一章的重点——是让企业培养一套与数字技术相关的能力。具体来说，我们建议，公司必须投资和建立员工层级的数字化正念、团队（业务部门）层级的数字智力以及组织层级的数字化复原力。在本章，我们将对这些企业能力逐一进行定义，并探讨它们是如何共同为建立和保持数字化全球商业连通性做出贡献的。

在本章（以及本书）的最后，我们重点关注构成数字化全球商业连通性基础的核心主题和实践——这些主题和实践是从我们交流过的公司和管理者的经历中提炼出的洞见和智慧；为写这本书做调研时，我们与他们有过互动。我们还确定了一整套步骤或行动，管理者可以用来将本书中描述的理念付诸实践。

我们先简单描述与数字化相关的企业能力的背景——跨国公司在追求数字化全球商业连通性时可能出现的不一致性。

## 数字化全球商业连通性战略中潜在的不一致性 🌐

在跨国公司努力建立数字化全球商业连通性过程中，会出现不同类型的不一致性。这里，我们确定三种主要的不一致性类型：国外市场范围内的不一致性、地理区域范围内的不一致性和战略组合不一致性。

### ● 国外市场范围内的不一致性

通常情况下，一个国外市场在某些领域可能是全球化的，而在其他领域则是本土化的。例如，全球消费文化可能与政府实施的限制外国公司运营的贸易法规和政策并存。以印度的智能手机市场为例。在低端及高端智能手机的需求和喜好方面，印度消费者高度全球化。然而，长期以来，印度政府一直保持着对一些外国直接投资的限制（例如，至少30%的生产资料应该在本土采购），这阻碍了苹果等跨国公司的运营。因此，对外国跨国公司而言，印度智能手机市场依旧呈现出全球化和本土化市场的要素。如果考虑不周，当跨国公司在采取有关数字化全球商业连通性不同维度的战略时，国外市场存在的这种不一致性可能会使公司马失前蹄。

## ● 地理区域范围内的不一致性

在一个地理区域范围内，全球化和本土化的程度也可能相差甚远，这需要对该区域内的市场采取不同的战略，即便跨国公司的某个单一业务部门可能要负责整个区域。例如，虽然欧盟对外国跨国公司采取统一的贸易政策，但是在某些其他领域，包括移民和消费文化，欧盟内的不同国家已经开始出现巨大分歧。在欧盟一些地区（波兰和意大利），民族主义和保护主义倾向比其他地区（德国）更加强烈，这给外国跨国公司营造了不同的运营环境。因此，虽然跨国公司可能会发现在数字化全球商业连通性方面采取区域性方法会更容易一些，但是在一个区域内，不同市场的不一致性可能需要更细微的战略和实践调整。

## ● 跨国公司战略组合中的不一致

很多跨国公司的业务并不仅限于一个行业，但在同一个国外市场，不同行业的全球化和本地土化程度可能相差甚远。例如，亚洲的跨国公司，如腾讯、塔塔集团（Tata Group）、阿里巴巴和埃迪亚贝拉集团，它们涉足行业众多，即使在同一个国家内，它们的运营环境也呈现出多样化。因此，跨国公司在国外市场的业务战略组合中，用于确保数字化全球连通性的战略可能会千差万别。跨国公司在国外市场战略组合中的这种不一致性构成了另一种严峻挑战。

重要的是，所有这些不一致性都是动态的，因为政府法规、基础设施和商业（消费）文化在不断发展演变。这反过来又使数字化全球商业连通性成为一个动态的目标，进一步加剧了在整个企业内部保持一致性的复杂度。正如我们接下来要讨论的，在这种环境中，跨国公司的成功主要依赖于其与数字技术相关的企业能力——具体来说，即员工层级的数字化正念、业务部门层级的数字智力以及组织层级的数字化复原力。

## 数字化正念和数字智力

在我们与世界各地的跨国公司高级管理者的大多数讨论中，可以清晰地看到一个主题——跨国公司的所有员工需要时刻警惕和留意来自国际市场的所有信号，尤其是微弱信号。由于全球商业处于数字化环境之中，这些信号本质上也往往是数字化的，这意味着一种新的能力的重要性，我们称为数字化正念。

随着数字技术渗透到各行各业的大多数工作场所，很明显，员工需要有效地利用各种数字技术来完成日常任务、与他人互动、创造新知识和解决问题。但在这个后疫情时代，虚拟工作场所正在取代实体办公室（如西门子允许其在 43 个国家的 14 万名员工永久地自由选择工作场所），大多数商业流程和互动发生在数字化环境中，而员工使用不同数字技术的能力可能还达不到要求。[1] 相反，为了做出更明智和全面的决定，公司还需要培养员工避免数字干扰的能力，以保持对主要任务的持续认知专注。研究表明，这样的正念——个体在其工作环境中的专注程度，或保持专注于当下的意识的程度——能够提高工作绩效，有利于员工的健康。[2]

正念不仅包括活在当下，还包括以一种开放和包容的方式密切关注（并意识到）所有的刺激。简而言之，正念是一种积极的意识状态，一种不断创造和完善的倾向，是一种对新信息的开放态度，以及一种从多角度看待环境的意愿。所有这些都具有特殊的意义，因为跨国公司的员工越来越需要在高度数字化的商业环境中航行，而这种环境容易受到动态的全球化和本土化力量的影响。

因此，我们在此借鉴正念的概念，并将数字化正念定义为在工作场所对数字化互动和活动保持专注于当下的意识，以开放和非评判的方式接受所有的刺激（见表 10-2）。这种数字化正念不仅能够让人完全投入当前的任务和活动中，更好地管理数字干扰，还能够促进发散思维和创造力。它能够让员工利用其与数字技术使用有关的各种技能和能力（认知、社交和情感），以便在迎接挑战和机遇方面，以及在追求公司目标方面，成功地驾驭动态的数字化全球商业景观。

表 10-2　企业能力和数字化全球商业连通性

| 概念 | 焦点 | 描述 |
|---|---|---|
| 数字化正念 | 员工 | 在工作场所对数字化互动和活动保持专注于当下的意识，以开放和非评判的方式接受所有的刺激 |
| 数字智力（建立在数字化正念基础上） | 团队或业务部门 | 使单个团队和业务部门能够培养和保持跨国公司数字化全球商业连通性结构的质量的能力 |
| 数字化复原力（建立在数字化正念和数字智力基础上） | 组织 | 数字化赋予的独特能力，能预测、抵御、迅速适应或从严重阻碍跨国公司在世界各地核心业务和业绩的不利事件中恢复 |

　　因此，数字化正念有注意力（专注于当下）和态度两个部分（拥有开放的好奇心）——这两者在保持跨国公司数字化全球商业连通性的背景下都是至关重要的。[3] 专注和目标明确使员工意识到并使他们能够更好地理解在特定的全球商业环境中发挥作用的数字化和本土化力量的性质和动态。与此同时，愿意以开放的心态从多角度评估这些信息，使他们能够更具创新性或创造性地提出理念，应对与连通性相关的挑战。数字技术和平台——特别是社交媒体、人工智能和其他数据分析技术——现在有助于生成大量与市场相关的信号和洞见。但联合利华的斯坦·斯塔努纳森指出："如果个别管理者，尤其是那些在子公司工作的，没有注意到这些微弱但重要的信号，那么公司便束手无策了。"[4] 事实上，尽管有各种复杂的基于人

工智能的技术，但在国外市场背景下，任何跨国公司抵御快速变化冲击的第一道防线（和进攻）都是公司员工的数字化正念。

跨国公司需要投资并培养员工的数字化正念。近年来，越来越多的证据表明，量身定制的课程和技术能够帮助培养员工的正念技能。许多跨国公司，包括思爱普、高盛、英特尔、Salesforce[①]、博世、塔吉特（Target[②]）和通用磨坊（General Mills[③]），都推出了正念培训项目和干预措施，帮助它们的员工发展与保持专注、应对工作压力和避免干扰有关的关键技能。[5]也许在这方面比较出名的项目之一是谷歌在 2007 年开创的"探索内在自我"项目（Search Inside Yourself）。这里介绍的数字化正念概念强调数字化工作环境是培养和练习这种获得性正念技能的主要环境。

为了确保数字化全球商业连通性，跨国公司需要超越这种个人层面的数字化正念，并需要培养一种更高层次的能

---

① 创建于 1999 年 3 月的一家客户关系管理软件服务提供商，总部设在美国旧金山，可提供随需应用的客户关系管理平台。软件行业中位列第三，仅次于微软和甲骨文。——译者注

② 仅次于沃尔玛的美国第二大零售百货集团，为客户提供当今时尚前沿的零售服务，物美价廉。公司每周都要通过捐赠和其他一些活动把 200 万美元回馈给当地社区。——译者注

③ 美国最大的上市食品制造企业之一，其产品超过 500 多个品种。公司中国行销总部在上海。在中国范围内经营的著名品牌有哈根达斯冰激凌等。——译者注

力——数字智力，这种能力在团队和业务部门层级运作。[6] 在本书大部分内容中，我们讨论了数字技术如何成为连接跨国公司与其全球客户、生态系统、运营和资源的国际商业结构中最重要或最关键的部分。我们认为，数字智力是一种监控、评估、决策和执行的能力，它使团队和业务部门能够培养和保持跨国公司数字化全球商业连通性结构的质量。

因此，数字智力包括了团队（业务部门）持续监测和评估国外市场的动态商业环境的能力；将新的数字技术和跨国公司与国外市场的客户、合作伙伴和资源的联系中缺失的环节结合起来考虑的能力；以及重新配置（定位）子公司与该市场不同业务部门的数字连接的能力。换句话说，它反映了将有关一项或多项数字技术的价值的知识与跨国公司在国外市场的业务结合起来考虑的能力，以及采取行动使这种价值与子公司在该市场不断变化的目标和优先事项保持一致的能力。从某种程度上来讲，这种数字智力要求业务部门或子公司的各个员工关注其负责（所在）的海外商业环境的动态，对其不同的诠释和替代解决方案持开放态度；这种数字智力建立于员工级别的数字化正念之上。

虽然数字技术使用的培训和技能发展是建立数字智力的重要途径，但在企业中普及正确的数字文化也同等重要。这可以通过不同的方式得以实现。例如，江森自控设立了一个新的高层领导职位，将首席数字官和首席客户官的角色合并，这向所有的利益攸关方（包括其员工）发出了一个非常明确的信号，即数字技术在智能建筑管理公司为客户创造价值方面发挥着核心作用。迈克·埃利斯担任了这一领导职务。正如他所说，它帮助公司确保技术部署不被视为"围绕数字技术的筒仓，而是被视为伟大技术的注入，这些技术是构成江森自控业务的基石"。[7]

同样，联合利华让其高级经理人和领导参加了一个反向管理项目。在项目期间，一些比较年轻的数字原生代员工担任了这些高级管理者的导师。该公司发现，这样的举措可以作为整个企业的数字文化干预，播下文化的种子，这种文化强调数字技术使用的跨职能综合学习，以及围绕数字技术的应用，并对新理念的实验持开放态度的价值。重要的是，这样的举措还可以推动围绕着数字化全球商业连通性维度或要素的对话；这些维度或要素在跨国公司的背景下具有特别的意义，有助于各个员工和业务部门集中注意力。

此外，分享从不同子公司建立或重新设计数字化全球连通性而获得的经验知识，也有助于培养数字智力。回顾一下菲利普·莫里斯国际公司在区域中心和一线部门（智能边缘）打造数字智力的不懈努力。该公司发现，在公司产品（供应链）网络中出现的一些与数据和数字连接整合有关的不一致性中，也存在一致性。仔细分析后发现，这些不一致性是由于其不同的全球合作伙伴之间缺乏标准化的产出指标而造成的。在整个企业范围内，快速分享此类经验对于提高一线业务部门的数字智力至关重要。

正如我们接下来所要讨论的，这样培养出来的数字智力能够促进更广泛的组织级别能力：数字化复原力，这是应对激烈的外部干扰所必需的。

## 数字化复原力和数字化全球商业连通性

最近几年，尤其是在新冠肺炎疫情期间，复原力这个词在流行的商业媒体中被大量使用。[8] 对这个词的普遍理解是指从逆境及艰难时期恢复及反弹的能力。商业学者长期以来一直在研究组织复原力，但对它的含义和实现方式缺乏共识。[9]

在此，我们认为复原力是一种应对不利或破坏性事件的组织能力——重要的是，不仅要应对过去的事件（适应），还要包括当前或正在发生的事件（应对）和未来的事件（预期）。[10] 换句话说，一旦危机发生，具有复原力的组织不仅应该做出反应，能够适应危机，还应该能够在危机发展过程中应对危机，甚至在危机发生之前，就预测或感知到潜在的不利因素。预测能力包括感知（发现）不利情况、制订行动计划或为此做出准备；应对能力包括快速理解（赋予集体经验意义）正在发生的问题或危机、提出创新解决方案；适应能力包括学习或深入了解已经发生的一些不利事件，在组织中做出改变以适应新常态（或长期）。因此，复原力的基础是一些非常基本的能力：环境扫描和感知、计划、意义建构、创造力、学习和变化管理。

在本书中，不利事件是指国外市场中全球化（本土化）

力量的快速和意想不到的变化，以及它们在跨国公司的数字化全球商业连通性战略和实践中造成的不一致性。因此，国外市场的本土化力量越活跃，需要的组织复原力就越大。

正如我们迄今所看到的，在当代全球商业中，数字技术日益成为价值创造的手段和基础；因此，与组织复原力相关的能力也越来越多地嵌入数字技术中。在这里，我们更倾向于使用数字化复原力这个术语来表示这样一个事实，即这种复原力的基础就在于数字技术驱动的能力。请注意，在流行的商业媒体中，数字化复原力的定义非常狭隘，指的是从网络攻击或网络犯罪中恢复的能力。[11]

在这里，我们采用了更广泛的组织能力视角，将数字化复原力定义为跨国公司预测、抵御和快速适应，或者从严重阻碍其全球核心业务和业绩的不利事件或困难中恢复的独特的数字化能力。

在新冠肺炎疫情中，有几个例子足以说明何为数字化复原力。通过使用适当的数字和数据安全基础设施，让员工居家办公，世界上大多数公司都能够应对新冠肺炎疫情的冲击。以印度跨国公司威普罗（Wipro）为例，该公司为世界各地的客户（主要是大型跨国公司）提供数字技术和业务流程解决方案。通常情况下，它的员工被派往世界各地的客户站点，以确保他们不仅能够与客户密切互动，而且还能够处理高度机密的客户业务数据。当疫情暴发时，所有这一切都变得不再可行，但工作又不能停止。该公司迅速（大约两周内）建立了一套高度安全和可靠的数字基础设施，让员工坐在家里就可以接入，继续为国外客户提供服务。刚开始时，尽管一些客户很担心，但它们很快就对威普罗的数字基础设施和其同时保持所需的交互强度和数据安全的能力有了足够的信心。事实上，威普罗在这场危机中的经历让该公司开始质疑将员工安置在客户站点的价值，并重新思考其为客户服务的方法。

同样，包括强生公司在内的许多跨国公司能够通过利用数字模拟工具，快速重新设计它们的全球供应链，找到替代路径，让国外供应商向世界不同地区的制造工厂供货，从而适应危机。简而言之，不同类型的基于数字技术的能力使企业不仅能够在危机发生时应对危机，而且能够适应危机对其全球业务的长期影响。

数字智力和数字化正念是这种复原力的关键来源。具体来说，数字智力提供了感知和应对逆境的数字化能力，以帮助组织建立数字化复原力。例如，员工的数字正念能够帮助跨国公司检测到与即将到来的破坏性力量相关的微弱信号，而通过结合从其他来源获得的信息，数字智力使公司能够评估这种微弱信号。同样，数字智力使跨国公司能够确定在何处、何时部署资源，以及何种资源应该得到最佳部署，或以最有效的方式进行部署，从而帮助公司培养、调动和改进现有资源和能力，以应对或适应不利事件。此外，数字智力还有助于建立跨境、跨部门协作行动——减少结构惰性和官僚主义障碍——尤其是在面临快速演变的业务干扰时。这种数字智力还能够提升跨国公司与国外市场各种外部利益攸关者联系的能力，从而使组织可以保持对当地情况的敏感度，这反过来使公司能够更加有效地预测不利事件。

其他类型的组织级别的能力也有助于数字化复原力，包括公司的创业导向、协作能力以及学习和实验文化。数字技术也日益促进了这样的能力。例如，在前面章节里，我们讨论了数字模拟工具和数字实验平台如何使跨国公司能够评估其数字化全球商业连通性的不同方面。

数字化正念、数字智力和数字化复原力不仅相互补充（见表10-2），而且还共同使跨国公司能够成功驾驭世界各地普遍存在的且日益复杂多变的本土化力量。这些能力对跨国公司建立其数字化全球商业连通性至关重要，重要的是，对保持其持续相关性至关重要。事实上，如果没有足够的投入来建设这些能力，跨国公司将失去其对国外市场潜在的破坏性事件的敏感度，并失去解决这些事件引发的战略不一致性的能力。

## 核心主题和视角

作为本书研究的一部分，在过去几年里，我们与不同行业和不同地理区域的许多跨国公司的高级和中级管理者进行了交谈。他们不同的观点和经历丰富了本书迄今为止所描述的许多理念和概念。同时，在我们与管理者进行的所有互动中，有几个主题始终得到了强调。在本书的讨论中，这些主题的确得以体现。然而，我们认为值得在此再次强调这些主题，因为它们超越了各个战略和实践，反映了与数字化全球商业连通性相关的更广泛的洞见和方法，这是本书的基础。

## ● 数字化在全球商业中的双重性

正如我们在本书开头所指出的，全球化力量不会很快消失，但去全球化（本土化）力量也不会消失。商业管理者可以而且应该把数字化视为成功驾驭这两种互生的全球商业环境的工具。正如本书描述的大量例子和案例所示，数字技术可以帮助公司迅速扩大在其他国家的业务规模、跨境转移和部署资产，并协调和优化全球运营及资源利用——所有这一切都建立在全球化力量发力的基础上。然而，同一数字技术也有助于为跨国公司的全球业务注入相当大的战略以及运营灵活性和松散性，使其能够根据特定国家或区域的本土化力量变化来逐步发展和调整其战略。

在过去几年里，我们接触过的所有企业管理者都强调了数字化的这种双重性。我们清楚地看到，了解这一点的管理者认为，全球化和本土化力量都是通过锻炼公司的"数字肌肉"来扩大其全球业务的机会，尽管方式不同。正如一位高级经理所指出的，大多数跨国公司都认同传统的观念，认为数字化是提高全球扩张和运营效率以及纪律的一种方式，但很少有人能同时持有另一种观点，即将数字化视为放松跨国公司的控制和注入更多选择的一种手段。

在未来，成功的跨国公司会是那些能够从根本上将数字化的这种双重性纳入其全球商业思维中的公司。我们希望本书中概述的实用理念和步骤将帮助它们朝着这个方向前进。

## ● 数字化全球商业连通性是一种业务能力

当我们第一次介绍数字化全球商业连通性的概念时（在第二章），我们注意到它是一种业务能力，而不是技术或数字能力。我们希望从那之后的讨论有助于在你的脑海中强化这一理念，但也许我们有必要再次强调它。

正如与我们交谈的几位管理者所指出的，数字化这个术语往往会使讨论（和管理者的注意力）偏离商业目标或目的，而转向新奇的技术领域，无论是物联网、5G，还是虚拟化，以及它们所声称的能力。必须承认，在全球商业连通性中添加数字化这个术语，我们在此冒了一个险，因为你的注意力可能更多地集中在整个讨论的数字化部分，导致你将其理解为一种数字化能力。但事实远非如此。

打造数字化全球商业连通性的最终目标是使跨国公司能够与其全球业务的各个方面连接——从客户和合作伙伴到资源和运营——在全球化和本土化两种环境中。就这一点而言，为了达到这一目的，唯一需要的就是数字技术。

因此，企业管理者心中的第一个问题应该始终与全球化和本土化力量对跨国公司连通性的影响有关，或者对跨国公司与其全球业务各种要素之间的关系的影响有关。只有在第一个问题得到解答之后，第二个问题才会出现，即数字技术如何才能帮助跨国公司应对相关挑战。如果你还记得的话，我们就是这样列出每一章的中心问题的。

这种方法将业务能力置于数字化能力之上，它将使跨国公司及其管理者能够将注意力集中在构成数字化全球商业连通性的战略及推动其实践上。

## ● 关注中间地带战略的必要性

从为写作本书所做的研究中，我们得出的一个关键洞见，是跨国公司需要根据国际市场环境中存在的本土化力量的性质和类型，认真决定与其全球业务的关键要素的耦合程度。我们引入了紧耦合和松耦合的概念，作为这一思想的基础。在各个章节中讨论这个问题时，我们确定了反映紧耦合和松耦合的典型战略。

但是，通常情况下，在特定的国际市场上，全球化和本土化力量在同时发挥作用。正如拜耳公司的比乔伊·萨加尔所指出的："有时候，来自（国外）市场的信号是混杂的……有些信号似乎邀请我们去那里，而有些信号则阻止我们。"[12] 例如，当政府政策是由日常政治问题决定时，它们最终可能不太一致，比如在某些方面开放经济，而在其他方面则关闭经济。同样，正如我们在几个欧盟成员国的案例中所看到的那样，全球化的消费文化可能与政府采取的一套更具保护主义色彩的贸易政策共存，并与之相悖。所有这一切都在强调，公司需要仔细确定所需的紧耦合或松耦合程度，采取最适合国外市场环境的中间地带策略。

在本书中，我们为公司提供了采用这种方法的几种途径。例如，它们可以在客户和市场方面采取更紧密的耦合，而在运营和活动方面则注重更松散的耦合。换句话说，数字化全球商业连通性一个维度上的紧耦合可能与另一个维度上的松耦合相结合。此外，即使在一个维度内——如与客户的连通性——公司也可以考虑不同的设计要素，从利用全球或本土红人，到利用全球或区域数字平台和基础设施，以部署代表公司与客户关系紧密和松散的不同风格的战略。

最重要的是，公司应该将本书中推荐的典型战略作为指南，创造性地提出最适合特定国外市场环境的数字化全球商业连通性战略。

● 新常态下数字化世界的全球商业领导力

如前所述，在跨国公司的各个层级，全球商业的数字化带来了对新型能力的需求，这些能力涉及公司如何在国际商业环境中检测或获取微弱和强烈信号，并分析获得的信息，将其纳入决策过程——更广泛地说，它涉及公司如何在变革时期保持其数字化全球商业连通性的整体一致性。

所有这些能力反映了全球商业领导力的本质正在发生两个更为广泛的转变。

第一，正如我们在全书中所看到的，"命令和控制"作为主导的全球管理方法的时代已经结束。为了在国际市场上创造和交付价值，跨国公司及其高级管理者需要善于协调和影响一系列不同的全球合作伙伴、子公司、市场和资源；它们通常与公司松散地联系在一起。如果首席执行官和高级管理者能够设计、传达一种包容性的价值创造愿景，且允许不同国际市场和地区制定或实现使这一愿景时拥有更大的自由度，那么他们可能会更加成功。事实上，在同时发出全球化和去全球化相关混杂信号的商业世界中，如果首席执行官（和其他高级管理者）能够在运营中游刃有余，并且在公司关系中通过保持紧耦合和松耦合的适当平衡来运营，他们将会备受青睐。

第二，在本书迄今为止的讨论中，如果有什么是显而易见的，那就是，在应对我们刚刚讨论过的挑战时，数字化将会是解决方案的一个关键部分。因此，数字化不应该只是公司首席信息官或首席财务官的决策领域。相反，数字化应该是高级管理层每个人的事，首席执行官要做到的就是确保正确的数字化文化渗透进整个公司，最重要的是，包括最高管理层在内。

以人力资源为例。所有公司都有首席人力资源官或首席人事官。但这并不意味着首席执行官不注重人事管理技能。事实上，在任何一个当代组织，没有出众的人际交往能力的首席执行官不太可能获得成功。数字化也是如此。拥有卓越数字技能的首席执行官（和高级管理者）的组织——能够预想并领导他们的组织成为数字化组织——将可能在我们生活的这个日益数字化的世界中获得更大成功。

因此，在各行各业中，全球商业领导力将被定义为能够领导数字化组织适应全球化和本土化力量的影响并蓬勃发展的能力。

## 下一步——或者，星期一早上的行动 🌐

在本书结尾，我们提出了一系列关于如何为跨国公司建立数字化全球商业连通性的建议。具体来说，我们拟定了一系列问题，以帮助您开始执行本书中提出的理念和概念。

数字化全球商业连通性与你的公司有关吗？我们值得从这个重要的问题开始。选择对你的公司最为关键的国外市场，或者选择对你的公司最具挑战性的国外市场。使用我们在第二章中提供的量表（表 2–1 和表 2–2）来衡量该市场中数字化力量和区域（本土化）力量的强度，将其绘制到数字化力量和区域或本土化力量景观图谱上（图 2–1）。如果市场落在象限 C（数字全球化）或象限 D（数字本土化），数字化全球商业连通性就非常相关，且有可能对你的公司在该市场获得持续成功非常重要。

那么，应该从数字化全球商业连通性的哪个方面着手呢？虽然大多数跨国公司会发现数字化全球商业连通性的所有四个维度——客户和市场、合作伙伴和生态系统、活动和运营、资源和知识——都同等重要，但最好是以其中一个为重点开始。选择对你在相关国外市场上获得成功最为关键的维度，或者选择受到本土化力量影响最大的维度。然后重点关注数字化全球商业连通性的相关因素（表 10–1），并考虑适当的战略。

正如我们之前讨论的，本书中描述的战略都是典型的；你应该把它们视为与你的团队讨论的起点。把你迄今为止所获得的与国外市场所选定维度相关的所有信息整合在一起，让创造性思维流动起来。每家公司都需要制定出独特的战略，以适应其特定的挑战和市场环境。

你或许会问：我的公司是否具备开展这项活动的必备能力？这本身就是一个很好的问题，可以在早期就提出来。我们的研究表明，大多数跨国公司并没有问这个问题——至少目前还没有。在本章中，我们描述了一些能力——在员工、团队（业务部门）和组织层级上——对于使数字化全球商业连通性战略发挥作用至关重要。如果你认为数字化全球商业连通性与你的公司相关，那么识别和投资于这些数字化能力应该是你要采取的第一步措施。或许你并非从零开始；很多这样的能力可能早已经存在，但也许并不是所有的能力，也可能并不存在于公司的每一个部分。制订一个建立数字智力和数字化复原力的计划。当然，这不是一朝一夕就能够实现的，但重要的是，今天要迈出第一步。

如何扩展这一活动？我们坚信应当从小处着手，测试理念，然后追求规模化实施。因此，我们建议你先确定一个国外市场和数字化全球商业连通性的维度。但是，数字化全球商业连通性是一种企业范围的概念，为了获得充分的收益，你必须扩大规模，把所有四个维度和你的公司运营的所有主要国际市场包括在内。我们建议，你应该审慎地加大你将其他国外市场纳入业务范围的努力，并根据你能承受的投资和你所经历的回报来调整你的努力。

我们相信，跨国公司在追求数字化全球商业连通性方面投入的时间和精力，将在短期和长期获得明显回报。事实上，正如我们在本书开头（以及本章开头）所指出的，数字化和本土化力量共同为全球商业创造了一种新常态，数字化全球商业连通性越来越不是一种选择，而是在这个新世界取得成功的先决条件。

祝你在公司建立数字化全球商业连通性，并将其转变为数字化跨国公司的旅途中一帆风顺！

# 注 释

## 第一章

1. 参见芮乐伟·韩森（Valerie Hansen）所著《公元 1000 年：全球化的开端》（*The Year 1000: When Explorers Connected the World—and Globalization Began*）（New York: Scribner, 2020）。值得注意的是，甚至在史前时期，贸易联系就已经存在了——例如，在公元前 3 世纪，在苏美尔和印度河流域文明之间。在那之后，在公元前 1 世纪左右，奢侈品（如丝绸）和香料通过丝绸之路和其他贸易通道在亚洲和欧洲之间进行交易。然而，直到领土扩张行动延伸至五大洲，真正的全球贸易路线才得以建立和维持。

2. P. Vanham, *A Brief History of Globalization*, World Economic Forum Report, January 17, 2019, https://www.weforum.org/agenda/2019/01/how-globalization-4-0-fits-into-the-history-of-globalization/.

3. M. Jaworek and M. Kuzel, "Transnational Corporations in the World Economy: Formation, Development and Present Position," *Copernican Journal of Finance & Accounting* 4, no. 1 (2015): 55–70.

4. *Multinational Enterprises in the Global Economy*, OECD Report, May 2018, https://www.oecd.org/industry/ind/MNEs-in-the-global-economy-policy-note.pdf.

5. "India's Smartphone Market Grows by a Modest 8% YoY in 2019 Shipping

152.5 Million Units, IDC India Reports," IDC, February 7, 2020, https:// www. .idc.com/ getdoc.jsp?containerId=prAP46013620.

6. 基于皇家飞利浦公司的首席创新和战略官杰罗恩·塔斯（Jeroen Tas）在 2019 年春季萨迪什·南比桑的 EMBA 课上的演讲。

7. P. A. Van Bergeijk, *Deglobalization 2.0: Trade and Openness during the Great Depression and the Great Recession* (Cheltenham, UK: Edward Elgar Publishing, 2019).

8. A. Tappe, "The Economy as We Knew It Might Be Over, Fed Chairman Says," CNN, November 12, 2020, https://www.cnn.com/2020/11/12/ economy/economy– after–covid–powell/index.html.

9. T. A. Madiega, *Digital Sovereignty for Europe*, European Parliament Briefing Paper, July 2020, https://www.europarl.europa.eu/RegData/etudes/ BRIE/2020/651992/EPRS _BRI(2020)651992_EN.pdf.

10. "DHL Global Connectedness Index: Globalization Hits New Record High," DHL, press release, February 12, 2019, https://www.dpdhl.com/en/media– relations/press –releases/2019/dhl–global–connectedness–index–2018. html.

11. A. Baig, B. Hall, P. Jenkins, E. Lamarre, and B. McCarthy, "The COVID–1 9 Recovery Will Be Digital: A Plan for the First 90 Days," McKinsey & Company, May 14, 2020, https://www.mckinsey.com/business–functions/ mckinsey–digital/our– insights/the–COVID–19–recovery–will–be– digital–a–plan–for–the–first–90–days.

12. "Reflections on Investing During a Crisis," Shaw Spring Partners, May 15, 2020, https://www.jaguaranalytics.com/wp–content/uploads/2020/05/

ShawString–Quarterly–Letter.pdf.

13. "Six Months That Will Change Global Food Security, One Way or the Other," Bayer CropScience, accessed March 19, 2021, https://www.cropscience.bayer.com/people–planet/global–impact/a/smallholders–coronavirus–and–food–security.

14. T. L. Friedman, "Our New Historical Divide: B.C. and A.C.—t he World before Corona and the World After," *New York Times*, March 17, 2020, https://www.nytimes. com/2020/03/17/opinion/coronavirus–trends.html.

15. United Nations Conference on Trade and Development, *World Investment Report 2020* (Geneva: United Nations, 2020), https://unctad.org/system/files/official –document/wir2020_overview_en.pdf.

16. "Has Covid–1 9 Killed Globalisation?," *Economist*, May 16, 2020, https://www. economist.com/leaders/2020/05/14/has–covid–19–killed–globalisation.

17. J. Manyika, S. Lund, J. Bughin, J. R. Woetzel, K. Stamenov, and D. Dhingra, *Digital Globalization: The New Era of Global Flows* (San Francisco, CA: McKinsey Global Institute, February 24, 2016), https://www.mckinsey.com/business–functions /mckinsey–digital/our–insights/digital–globalization–the–new–era–of–global–flows.

18. "Digital in 2020," We Are Social, accessed March 19, 2021, https://wearesocial. com/digital–2020.

19. R. Dobbs, J. Manyika, and J. Woetzel, "The Four Global Forces Breaking All the Trends," McKinsey Global Institute, April 1, 2015, https://www.mckinsey.com/ business–functions/strategy–and–corporate–finance/our–

insights/the-four-global-forces-breaking-all-the-trends#.

20. T. L. Friedman, "After the Pandemic, a Revolution in Education and Work Awaits," *New York Times*, October 20, 2020, https://www.nytimes. com/2020/10/20/opinion/ covid-education-work.html.

21. V. Govindarajan and R. Ramamurti, "*Reverse Innovation, Emerging Markets, and Global Strategy,*" *Global Strategy Journal* 1, no. 3-4 (2011): 191-205; V. Govindarajan and C. Trimble, *Reverse Innovation: Create Far from Home, Win Everywhere* (Brighton, MA: *Harvard Business Review* Press, 2012).

22. 2020 年 10 月 14 日对萨迪什·南比桑的访谈。

23. Hansen, The Year 1000.

24. M. Mueller, *Will the Internet Fragment? Sovereignty, Globalization and Cyber-space* (Cambridge: Polity Press, 2017).

25. "Coronavirus Impact on Retail E- commerce Website Traffic Worldwide as of June 2020, by Average Monthly Visits," Statista, July 2020, https://www. statista. com/statistics/1112595/covid-19-impact-retail-e-commerce- site-traffic-global/.

26. 国际商业领域先前的研究主要根据创新信息（知识）流动管道的角度将连通性概念化——无论是跨国公司之间或者是跨国公司与个人之间。参见 U. Andersson, Á. Dasí, R. Mudambi, and T. Pedersen, "Technology, Innovation and Knowledge: The Importance of Ideas and International Connectivity," *Journal of World Business* 51, no. 1 (2016): 153-162; M. Cano-K ollmann, J.Cantwell, T. J. Hannigan, R. Mudambi, and J. Song, "Knowledge Connectivity: An Agenda for Innovation Research

in International Business," *Journal of International Business Studies* 47, no. 2 (2016): 255–262; E. Turkina and A. Van Assche, "Global Connectedness and Local Innovation in Industrial Clusters," *Journal of International Business Studies* 49, no. 6 (2018): 706–728.

27. 2020 年夏季，我们对 163 家跨国公司进行问卷调查（37% 的公司总部位于美国，12% 位于欧洲，22% 位于中国，23% 位于印度和东亚，以及 6% 位于其他地区）。这份调查的受访者都是跨国公司的高层。

28. 我们的紧耦合和松耦合概念来自 *loose coupling theory*。见 J. D. Orton 和 K. E. Weick "Loosely Coupled Systems: A Reconceptualization," *Academy of Management Review* 15, no. 2 (1990): 203–2 23; K.E. Weick, *Making Sense of the Organization* (Malden, MA: Blackwell Publishing, 2001); K. E. Weick, "Educational Organizations as Loosely Coupled Systems," *Administrative Science Quarterly* 21 (1976): 1–19.

## 第二章

1. H. Kotani and J. Suzuki, "Southeast Asia Seeks Ways to Protect Car Indus– try," Nikkei Asia, October 23, 2018, https://asia.nikkei.com/ Business/Business–trends /Southeast–Asia–seeks–ways–to–protect–car– industry.

2. "The Growth in Connected IoT Devices is Expected to Generate 79.4ZB of Data in 2025, According to a New IDC Forecast," Business Wire, June 18, 2019, https://www. businesswire.com/news/home/20190618005012/ en/The–Growth–in–Connected–IoT–Devices–is–Expected–to–Generate– 79.4ZB–of–Data–in–2025–According–to–a–New–IDC–Forecast.

3. 更多关于这个或其他数字技术的特征，参见 J. Kallinikos, A. Aaltonen, and A. Marton, "The Ambivalent Ontology of Digital Artifacts," *MIS Quarterly* 37, no. 2 (2013): 357–370.

4. 更多关于数字技术背景下的生成性概念，参见 J. Zittrain, "The Generative Internet," Harvard Law Review 119, no. 7 (2006): 1975–2040; Y. Yoo, O. Henfridsson, and K. Lyytinen, "The New Organizing Logic of Digital Innovation: An Agenda for Information Systems Research," *Information Systems Research* 21, no. 4 (2010): 724–735.

5. 例如，参见以下报告 W. Sarni, C. White, R. Webb, K.Cross, and R. Glotzbach, *Digital Water* (London: IWA, June 2019), https://iwa–network. org/wp-content/uploads /2019/06/IWA_2019_Digital_Water_Report.pdf; A. Gosine, "Big Value for Big Data in Water," *WaterWorld*, May 2, 2019, https://www.waterworld.com/technologies/amr–ami/article/16227142/big–value–for–big–data–in–water.

6. *Connected Car Market by Service*, Research and Markets, report 5135731, July 2020, https://www.researchandmarkets.com/reports/4863432/.

7. 2020 年 4 月对萨迪什·南比桑的访谈。

8. *Cisco Annual Internet Report* (2018–2 023), Cisco, March 9, 2020, https://www.cisco.com/c/en/us/solutions/collateral/executive–perspectives/ annual–internet –report/white–paper–c11–741490.html; *VNI Complete Forecast Highlights*, Cisco, accessed March 19, 2021, https://www.cisco. com/c/dam/m/en_us/solutions/service–provider/vni–forecast–highlights/ pdf/India_Device_Growth_Traffic_Profiles.pdf.

9. *DHL Global Connectedness Index 2020*, DHL, accessed March 19, 2021, https://www.dhl.com/global–en/home/insights–and–innovation/thought–

leadership/case–studies/global–connectedness–index.html.

10. A. Faiola, "The Virus That Shut Down the World," *Seattle Times*, June 27, 2020, https://www.seattletimes.com/nation–world/the–virus–that–shut–down–the–world/.

11. "Regional Trade Agreements," World Trade Organization, accessed March 22, 2021, https://www.wto.org/english/tratop_e/region_e/region_e.htm#facts.

12. "Digital Walls on the Rise," Kearney, accessed March 22, 2021, https://www.kearney.com/web/global–business–policy–council/article?/a/digital–walls–on–the–rise; R. Zhong and K. Shultz, "With India's TikTok Ban, the World's Digital Walls Grow Higher," *New York Times*, July 11, 2020, https://www.nytimes.com/2020/06/30/technology/india–china–tiktok.html.

13. 2020 年 5 月对萨迪什·南比桑的访谈。

14. 例如，见 Y. Liu, W. Tao, and W. H. S. Tsai, "Global versus Local Consumer Culture Positioning in a Transitional Market: Understanding the Influence of Consumer Nationalism," *International Journal of Strategic Communication* 11, no. 4 (2017): 344–360.

15. J. Y. Cheng and B. Groysberg, "How Corporate Cultures Differ around the World," *Harvard Business Review*, January 8, 2020, https://hbr.org/2020/01/how–corporate–cultures–differ–around–the–world.

16. S. Rajan, J. Bhattacharya, Y. Mandviwalla, and D. Jain, "Changing Gears 2020: How Digital Is Transforming the Face of the Automotive Industry," Bain & Company, May 9, 2017, https://www.bain.com/insights/changing–gears–2020/.

17. 如需了解更多信息，参见 J. D. Orton and K. E. Weick, "Loosely Coupled Systems: A Reconceptualization," *Academy of Management Review* 15, no. 2 (1990): 203–223.

18. 2020 年 5 月对萨迪什·南比桑的访谈。

第三章

1. 例如，参见 J. A. Quelch and E. J. Hoff, "Customizing Global Strategies." *Harvard Business Review* 64 (1986): 59–68. 也 可 阅 读 J. N. Sheth, "Impact of Emerging Markets on Marketing: Rethinking Existing Perspectives and Practices," *Journal of Marketing* 75, no. 4 (2011): 166–182.

2. F. Hovivian, "Globalization: Apple's One-Size Fits-All Approach," *Brand Quarterly*, December 19, 2016, http://www.brandquarterly.com/globalization –apples–one–size–fits–approach.

3. 尽管印度政府在 2019 年放宽了其中一些限制，但相当一部分监管仍在生效。

4. 全球（本地）消费文化已经被定义为是一种社会安排，在这种安排中，生活文化和社会资源之间的关系，以及有意义的生活方式与人们依赖的象征和物质资源之间的关系，是全球（本地）构想出的并通过非领土化的全球（地理定位的、本地化）市场调节，更多相关信息，参见 J. B. E. Steenkamp, "Global versus Local Consumer Culture: Theory, Measurement, and Future Research Directions," *Journal of International Marketing* 27, no. 1 (2019): 1– 19. Tomlinson calls "localism" and "globalism" the "two axial principles of our age." J. Tomlinson, *Globalization and Culture* (Chicago: University of Chicago

Press, 1999), 190.

5. A. Singhi, N. Jain, and K. Sanghi, "The New Indian: The Many Facets of a Changing Consumer," BCG, March 20, 2017, https://www.bcg.com/en–us/publications/2017/marketing–sales–globalization–new–indian–changing–consumer.

6. 2020 年 7 月对萨迪什·南比桑的访谈。

7. A. Lipsman, "Global Ecommerce 2019: Ecommerce Continues Strong Gains amid Global Economic Uncertainty," Insider Intelligence, June 27, 2019, https://www. emarketer.com/content/global–ecommerce–2019.

8. "India: Retail Ecommerce Revenue Forecast from 2017 to 2024," Statista, June 8, 2020, https://www.statista.com/statistics/289770/e–commerce–revenue–forecast–in– india/.

9. 2016 年，联合利华收购了美元剃须刀俱乐部。

10. J. Singh, S. Nambisan, R. G. Bridge, and J. K. U. Brock, "One–Voice Strategy for Customer Engagement," *Journal of Service Research* 24, no. 1 (2021): 42–65, https://doi.org/10.1177/1094670520910267.

11. "Lululemon Unveils Power of Three Strategic Plan to Accelerate Growth," Business Wire, April 24, 2019, https://www.businesswire.com/news/home/20190424 005350/en/lululemon–Unveils–%E2%80%9CPower–of–Three%E2%80%9D–Strategic–Plan–to–Accelerate–Growth.

12. "Walgreens and Birchbox to Offer Customers Innovative Beauty Experience In–S tore and Online," Business Wire, October 4, 2018, https://www.businesswire.com/ news/home/20181004005324/en/Walgreens–Birchbox–Offer–Customers–Innovative–Beauty–Experience.

13. P. Kotler, H. Kartajaya, and I. Setiawan, *Marketing 4.0: Moving from Traditional to Digital* (Hoboken, NJ: John Wiley & Sons, 2017).

14. 截至 2020 年，吉乐网络上的 1GB 流量平均价格为 9 美分。相比之下，美国同样的流量要 8 美元。有关详细信息，参见 C. Ang, "What Does 1GB of Mobile Data Cost in Every Country?," Visual Capitalist, July 3, 2020, https://www.visualcapitalist. com/cost-of-mobile-data-worldwide/.

15. 有关超级链接对品牌战略影响的近期分析，参见 V. Swaminathan, A. Sorescu, J. B. E. Steenkamp, T. C. G. O'Guinn, and B. Schmitt, "Branding in a Hyperconnected World: Refocusing Theories and Rethinking Boundaries," *Journal of Marketing* 84, no. 2 (2020): 24–46.

16. 例如，见 F. J. Coss í o-Silva, M. Á. Revilla-Camacho, M. Vega-Vázquez, and B. Palacios- Florencio, "Value Co-creation and Customer Loyalty," *Journal of Business Research* 69, no.5 (2016): 1621–1625.

17. K. H. Hung, S. Y. Li, and R. W. Belk, "Glocal Understandings: Female Readers' Perceptions of the New Woman in Chinese Advertising," *Journal of International Business Studies* 38, no. 6 (2007): 1034–1051.

18. 2020 年 6 月萨迪什·南比桑进行的访谈。

19. 2020 年 7 月萨迪什·南比桑进行的访谈。

20. I. M. Dinner, T. Kushwaha, and J. B. E. Steenkamp, "Psychic Distance and Performance of MNCs during Marketing Crises," *Journal of International Business Studies* 50, no.3 (2019): 339–364.

## 第四章

1. C. Dougherty, "Inside Yelp's Six-Year Grudge against Google," *New York Times*, July 1, 2017, https://www.nytimes.com/2017/07/01/technology/yelp-google-european-union-antitrust.html.

2. C. O'Brien, "Yelp Blames Google for Its Failed International Business," VentureBeat, March 6, 2017, https://venturebeat.com/2017/03/06/yelp-blames-google-for-its-failed-international-business/.

3. 2020 年 4 月对萨迪什·南比桑的访谈。

4. 2020 年 4 月对萨迪什·南比桑的访谈。

5. 2020 年 5 月对萨迪什·南比桑的访谈。

6. "India's E-commerce Market Set to Surpass US$91bn in 2023," Business Matters, January 23, 2020, https://www.bmmagazine.co.uk/news/indias-e-commerce-market-set-to-surpass-us91bn-in-2023.

7. 2020 年 4 月对萨迪什·南比桑的访谈。

8. R. Bhatia, "Data Science in Action: Unpacking Aditya Birla Group's AI & Digital Analytics Strategy," Analytics India Magazine, October 22, 2019, https:// analyticsindiamag.com/data-science-in-action-unpacking-aditya-birla-groups-ai-digital-analytics-strategy/.

9. FieldView 是拜耳公司的子公司气候公司（Climate）的资产。

10. 2020 年 5 月对萨迪什·南比桑的访谈。

11. 参见 https://climate.com/climate-farmrise.

12. 杰罗恩·塔斯在 2019 年春季萨迪什·南比桑的 EMBA 课上与后者进行的讨论，已经描述了飞利浦 HealthSuite 平台生态系统。

13. "Philips and Mackenzie Health Announce 18–Year Strategic Partnership," accessed March 28, 2021, https://www.usa.philips.com/healthcare/about/enterprise– partnerships/mackenzie–health.

14. C. Sturman, "Philips and Samsung Partner to Develop Integrated Health– care Services," *Healthcare Global*, March 13, 2020, https://www.healthcareglobal.com /technology/philips–and–samsung–partner–develop–integrated–healthcare–services.

## 第五章

1. 如需了解更多信息，参见 W. C. Shih, "Is It Time to Rethink Globalized Supply Chains?," *MIT Sloan Management Review*, March 19, 2020, https://sloanreview.mit.edu/article/is–it–time–to–rethink–globalized–supply–chains/; D. Simchi–Levi, "Three Scenarios to Guide Your Global Supply Chain Recovery," *MIT Sloan Management Review*, April 13, 2020, https://sloanreview.mit.edu/article/three– scenarios–to–guide–your–global–supply–chain–recovery/.

2. 参见 M. Reeves, L. Fæste, C. Chen, P. Carlsson–Szlezak, and K. Whitaker, "How Chinese Companies Have Responded to Coronavirus," *Harvard Business Review*, March 10, 2020, https://hbr.org/2020/03/how–chinese–companies–have–responded–to –coronavirus.

3. 参见 H. Yu and M. Greeven, "How Autonomy Creates Resilience in the Face of Crisis," *MIT Sloan Management Review*, March 23, 2020, https://sloanreview.mit.edu/ article/how–autonomy–creates–resilience–in–the–

face-of-crisis/.

4.  关于这种整合 – 响应性平衡的讨论，见 J.Birkinshaw, A. Morrison, and J. Hulland, "Structural and Competitive Determinants of a Global Integration Strategy," *Strategic Management Journal* 16 (1995): 637– 655; K. Roth, D. Schweiger, and A. J. Morrison, "Global Strategy Implementation at the Business Unit Level: Operational Capabilities and Administrative Mechanisms," *Journal of International Business Studies* 22, no. 3 (1991): 369–402.

5.  J. Smith, "Unilever Uses Virtual Factories to Tune Up Its Supply Chain," *Wall Street Journal*, July 15, 2019. https://www.wsj.com/articles/unilever-uses-virtual –factories-to-tune-up-its-supply-chain-11563206402.

6.  2020 年 7 月对萨迪什·南比桑的访谈。

7.  M. Heller, "How Johnson & Johnson IT Is Managing a Global Crisis," *CIO Magazine*, April 22, 2020, https://www.cio.com/article/3538528/how-johnson –johnson-it-is-managing-a-global-crisis.html?.

8.  S. Lund, J. Manikya, and J. Woetzel, "Risk, Resilience, and Rebalancing in Global Value Chains," McKinsey Global Institute, August 6, 2020, https://www.mckinsey. com/business-functions/operations/our-insights/ risk-resilience-and-rebalancing-in-global-value-chains#.

9.  M. Fleming, "How Unilever Is Using AI to 'Democratise' Upskilling and Future-P roof Its Employees," Marketing Week, June 27, 2019, https:// www.marketingweek. com/how-unilever-is-using-ai-to-democratise-upskilling-and-future-proof-its-employees/.

10. 2020 年 5 月对萨迪什·南比桑的访谈。

11. 2020 年 6 月对萨迪什·南比桑的访谈。

## 第六章

1. Govindarajan and Trimble, *Reverse Innovation*; Govindarajan and Ramamurti, "Reverse Innovation, Emerging Markets, and Global Strategy."

2. "Tommy Hilfiger Commits to 3D Design to Realize Ambitious Digitalization Journey," Business Wire, November 7, 2019, https://www.businesswire. com/news/ home/20191107005718/en/Tommy–Hilfiger–Commits–3D– Design–Realize–Ambitious/.

3. V. Grewall–C arr and C. Bates, *The Three Billion: Enterprise Crowdsourcing and the Growing Fragmentation of Work* (London: Deloitte, 2016), https:// www2.deloitte. com/content/dam/Deloitte/de/Documents/Innovation/ us–cons–enterprise–crowdsourcing–and–growing–fragmentation–of– work%20(3).pdf.

4. Crowdsourcing Market Report 2019–2 027, Absolute Market Insights, report AMI–296, January 2020, https://www.absolutemarketsinsights.com/ request_sample. php?id=296.

5. 参见 L. Wu, B. Lou, and L. Hitt, "Data Analytics Supports Decentralized Innovation," *Management Science* 65, no. 10 (2019): 4863–4877; C. Kakatkar, V. Bilgram, and J. Füller, "Innovation Analytics: Leveraging Artificial Intelligence in the Innovation Process," Business Horizons 63, no. 2 (2020): 171–181.

6. M. Mariani and S. Nambisan, *Innovation Analytics and Digital Innovation Experimentation: The Rise of Research-Driven Online Review Platforms*

(working paper, 2021).

7.  S. Nambisan and M. Sawhney, "A Buyer's Guide to the Innovation Bazaar," *Harvard Business Review* 85, no. 6 (2007): 109.

8.  更多关于开放式创新是一种定向活动，参见 T. Felin and T. R.Zenger, "Open Innovation: A Theory–Based View," *Strategic Management Review* 1 (2020): 223–232.

9.  这一说法是基于萨迪什·南比桑与一位不愿透露公司身份的企业高管的交谈。

10. 例如，参见 R. M. Holmes Jr., H. Li, M. A. Hitt, K. DeGhetto, and T.Sutton, "The Effects of Location and MNC Attributes on MNCs' Establishment of Foreign R&D Centers: Evidence from China," *Long Range Planning* 49, no. 5 (2016): 594–613.

11. 尽管，中心公司的员工必须要与阿斯利康公司签订一份保密协议（因为他们可能会接触到机密信息），但是他们与该公司自己的员工一样，享有使用所有设备的同等权限。更多相关信息，请阅读 W. B. Remneland and A. Styhre, "Corporate Hub as a Governance Structure for Coupled Open Innovation in Large Firms," *Creativity and Innovation Management* 28, no. 4 (2019): 450–463.

12. 更多关于数字技术在这种加速器和创业生态系统的作用，请阅读 *Beyond Borders: Digitizing Entrepreneurship for Impact* (Geneva: World Economic Forum, September 2019), http://www3.weforum.org/docs/WEF_Digitizing_Entrepreneurship _for_Impact_Report.pdf. 也可浏览 Startup Commons 的网站 https://www.startupcommons.org/.

13. P. Sawers, "Startup Accelerators Forge Ahead with New Virtual Programs,"

VentureBeat, April 1, 2020, https://venturebeat.com/2020/04/01/startup–accelerators –forge–ahead–with–new–virtual–programs/.

14. "Smart Home," Statista, accessed March 22, 2021, https://www.statista. com/ outlook/283/100/smart–home/worldwide.

15. *2020 Digital Trends: Deep Dive: Putting the Customer in Context* (Econsultancy and Adobe, 2019), industry report, https://www.adobe.com/ content/dam/www/us /en/offer/digital–trends–2020/digital–trends–2020–marketing–in–2020.pdf.

16. Digital Asset Management Market: Global Industry Trends, Share, Size, Growth, Opportunity and Forecast 2020– 2025, Research and Markets, March 2020, https://www.researchandmarkets.com/reports/5009108/ digital–asset–management–market–global–industry?utm_source=dynamic&utm_medium=GNOM&utm_code=q2rpnp&utm_campaign=1375916+–+Digital+Asset+Management+Industry+Worth+%2 48.5+Billion+by+2025+–+Rising+Demand+for+Workflow+Collaboration+%26+Automation%2c+Cloud–based+DAM+Solutions+Offer+Improved+Access+to+Digital+Assets&utm_exec=joca220gnomd.

17. M. L. Weitzman, "Recombinant Growth," *Quarterly Journal of Economics* 113, no.2 (1998): 331–360.

18. 对江森自控数字创新计划的评论，部分基于萨迪什·南比桑与该公司前任全球创新总监萨缪尔·弗里曼（Samuel Freeman）的会谈。

19. "Johnson Controls Launches OpenBlue," Cision PR Newswire, July 31, 2020, https://www.prnewswire.com/news–releases/johnson–controls–launches–openblue–301103666.html.

20. P. High, "Assembling the Largest Intelligent Building Company in the World," Forbes, April 13, 2020; https://www.forbes.com/sites/peterhigh/2020/04/13/assembling-the-largest-intelligent-building-company-in-the-world/#70eacd7e33d5.

21. 基于萨迪什·南比桑的一场访谈。

## 第七章

1. 关于传统观点，参见 J. Johanson and J.-E. Vahlne, "The Internationalization Process of the Firm—A Model of Knowledge Development and Increasing Foreign Market Commitments," *Journal of International Business Studies* 8 (1977): 23–32. 关于国际化流程的新观点，参见 M. P. Koza, S. Tallman, and A. Ataay, "The Strategic Assembly of Global Firms," *Global Strategy Journal* 1 (2011): 27–46; S. Tallman, Y. Luo, and P. Buck- ley, "Business Models in Global Competition," *Global Strategy Journal* 8, no. 4 (2018): 517– 535.

2. 参见 Y. Luo and R. Tung, "A General Theory of Springboard MNEs," *Journal of International Business Studies* 49, no. 2 (2018): 129–152; Y. Luo and R. Tung, "International Expansion of Emerging Market Enterprises: A Springboard Perspective," *Journal of International Business Studies* 38, no. 4 (2007): 481–498.

3. 更多关于一般情况下商业模式的信息，参见 C. Zott and R. Amit, "Business Model Design and the Performance of Entrepreneurial Firms," *Organization Science* 18, no. 2 (2007): 181–199; R. Amit and C. Zott, "Creating Value through Business Model Innovation," *Sloan Management Review* 53, no. 3 (2012): 41–49; M. W. Johnson, C. M. Christensen, and

H. Kagermann, "Reinventing Your Business Model," *Harvard Business Review* 86, no. 12 (2008): 50–59; H. Chesbrough, *Open Business Models: How to Thrive in the New Innovation Landscape* (Brighton, MA: Harvard Business School Press, 2006).

4. "Bayer CropScience Ties Up with ITC's Agri Business," Money Control, June 15, 2020, https://www.moneycontrol.com/news/business/bayer-cropscience-ties-up-with-itcs-agri-business-5407871.html.

## 第八章

1. 2020 年 6 月，迪拜的自由职业平台公司 Ureed 收购了 Nabbesh。

2. N. Bosma, S. Hill, A. Ionescu-Somers, D. Kelley, J. Levie, and G. A. Tarnawa. *Global Entrepreneurship Monitor* 2019/2020 *Global Report* (London: Global Entrepreneurship Research Association, 2020), https://www.gemconsortium. org/file/open?fileId=50443.

3. J. Manyika et al., *Digital Globalization*.

4. 参见 S. Nambisan, "Digital Entrepreneurship: Toward a Digital Technology Perspective of Entrepreneurship," *Entrepreneurship Theory and Practice* 41, no.6 (2017): 1029–1055.

5. 例如，阅读 H. Aldrich, "The Democratization of Entrepreneurship? Hackers, Makerspaces, and Crowdfunding" (paper presented at the annual meeting of the Academy of Management, Philadelphia, PA, August 1–5, 2014); A. Pergelova, T. Manolova, R. Simeonova-Ganeva, and D. Yordanova, "Democ-ratizing Entrepreneurship? Digital Technologies and the Internationalization of Female-Led SMEs," *Journal of Small Business*

*Management* 57, no. 1 (2019): 14–39.

6. E. Autio, S. Nambisan, L. D. Thomas, and M. Wright, "Digital Affordances, Spatial Affordances, and the Genesis of Entrepreneurial Ecosystems," *Strategic Entrepreneurship Journal* 12, no. 1 (2018): 72–95.

7. H. Varian. "Micromultinationals Will Run the World," *Foreign Policy*, August 15, 2011, https://foreignpolicy.com/2011/08/15/micromultinationals–will–run–the–world/.

8. 2020 年 4 月对陆亚东的访谈。

9. 2020 年 5 月对萨迪什·南比桑的访谈。

10. 2020 年 5 月对萨迪什·南比桑的访谈。

11. 2020 年 5 月对萨迪什·南比桑的访谈。

12. B. Clark and B. McKenzie, "Blockchain and IP Law: A Match made in Crypto Heaven?," World Intellectual Property Organization, February 2018, https://www.wipo.int/wipo_magazine/en/2018/01/article_0005.html.

13. Post–COVID–19, SoftBank and other venture capital firms have drawn down some of their support for several digital–born globals, including OYO.

14. For more on digital technology affordances and how it shapes entrepreneurship, read A. Majchrzak and M. L. Markus, "Technology Affordances and Constraints in Management Information Systems (MIS)," in *Encyclopedia of Management Theory*, ed. E. Kessler (Thousand Oaks, CA: SAGE Publications, 2012), 832–836; S. Nambisan, "Digital Entrepreneurship."

15. J. Suk-yee, "Lawmakers to Deliberate Bills on Global IT Firms' Free-Riding of Korean Telecom Networks," *BusinessKorea*, May 6, 2020, http://www.businesskorea.co.kr/news/articleView.html?idxno=45296.

16. 2020 年 6 月对萨迪什·南比桑的访谈。

## 第九章

1. Y. Luo, "Political Risk and Country Risk in International Business: Concepts and Measures," in *The Oxford Handbook of International Business*, 2nd ed. ed. A.M. Rugman (Oxford: Oxford University Press, 2009).

2. E. Braw, "Chinese Acquisitions of Western Firms Threaten National Security," Foreign Policy, August 24, 2020, https://foreignpolicy.com/2020/08/24/chinese-acquisitions-of-western-firms-threaten-national-security/.

3. M. Singh, "The 2007- 2008 Financial Crisis in Review," Investopedia, updated Jan 11, 2021, https://www.investopedia.com/articles/economics/09/financial-crisis-review. asp.

4. "Biggest Cyber Attacks and Their Cost for the Global Economy," Technology.org, July 17, 2019, https://www.technology.org/2019/07/17/biggest-cyber-attacks-and-their-cost-for-the-global-economy/.

5. E. Braw, "Is Hacking an 'Act of War'?," Wall Street Journal, August 21, 2019, https://www.wsj.com/articles/is-hacking-an-act-of-war-11566428091?mod=searchresults&page=1&pos=4. 也可参见 S. Pinker, "When Taking Risks Is the Best Strategy," *Wall Street Journal*, August

21, 2019, https://www.wsj.com/articles/when–taking–risks –is–the–best–strategy–11566401041?mod=searchresults&page=1&pos=1.

6. J. Harpaz, "Public Shaming of Big Companies Not as Big a Deal, but Not Going Away Anytime Soon," Forbes, June 26, 2017, https://www.forbes.com/sites/joeharpaz /2017/06/26/public–shaming–of–big–companies–not–as–big–a–deal–as–youd–think–but–not–going–away–anytime–soon/#5291170f6333.

7. S. Gaultier–Gaillard and J.–P. Louisot, "Risks to Reputation: A Global Approach," Geneva Papers on Risk and Insurance 31, no. 3 (2006): 425–445.

8. B. Chakravorti and R. Chaturvedi, "Which Countries Were (and Weren't) Ready for Remote Work," Harvard Business Review, April 29, 2020, https://hbr.org/2020/04/ which–countries–were–and–werent–ready–for–remote–work?.

9. Wikipedia contributors, "Global Connectivity Index," Wikipedia, updated November 12, 2020, https://en.wikipedia.org/wiki/Global_Connectivity_Index. 也可参见 "Methodology," Global Connectivity Index, accessed March 22, 2021, https:// www.huawei.com/minisite/gci/en/methodology.html.

10. J. Boillet, "Why AI Is Both a Risk and a Way to Manage Risk," EY, April 1, 2018, https://www.ey.com/en_gl/assurance/why–ai–is–both–a–risk–and–a–way–to–manage–ris.

11. 参见 https://www.digitalindia.gov.in/.

12. "E–Commerce: India," Statista, accessed March 22, 2021, https://www.

statista. com/outlook/243/119/ecommerce/india.

13. P. Michelman, "Leading to Become Obsolete," MIT Sloan Management Review, June 19, 2017, https://sloanreview.mit.edu/article/leading-to-become-obsolete/.

## 第十章

1. 想要了解更多关于工作的挑战，参见 P. Choudhury, "Our Work-from-Anywhere Future," Harvard Business Review, November 2020, https://hbr.org/2020/11/our-work -from-anywhere-future.

2. E. Dane and B. J. Brummel, "Examining Workplace Mindfulness and Its Relations to Job Performance and Turnover Intention." Human Relations 67, no. 1 (2014): 105–128; P. K. Hyland, R. A. Lee, and M. J. Mills, "Mindfulness at Work: A New Approach to Improving Individual and Organizational Performance," Industrial and Organizational Psychology 8, no. 4 (2015): 576; D. J. Good, C. J. Lyddy, T. M. Glomb, J. E. Bono, K. W. Brown, M. K. Duffy, R. A. Baer, J. A. Brewer, and S. W. Lazar, "Contemplating Mindfulness at Work: An Integrative Review," Journal of Management 42, no. 1 (2016): 114–142.

3. B. H. Gunaratana, Mindfulness in Plain English (Boston: Wisdom Publications, 2011).

4. 2020 年 6 月萨迪什·南比桑进行的访谈。

5. J.-P. Martini, "Unleashing the Power of Mindfulness in Corporations," BCG, April 26, 2018, https://www.bcg.com/publications/2018/unleashing-power-of-mindfulness- in-corporations.aspx.

也可参见 K. Schaufenbuel, "Why Google, Target and General Mills Are Investing in Mindfulness," Harvard Business Review, December 28, 2015, https://hbr.org/2015/12/ why–google–target–and–general–mills–are–investing–in–mindfulness.

6. 数字智力的另一种概念 ( 由弗雷斯特研究公司提供 )，位于数字营销的背景下，将其等同于从分析客户数据中获得的洞察力，以优化客户体验。 参见 J. McCormick and C. Little, Optimize Customer Experiences with Digital Intelligence (Forrester, February 23, 2016). 数字智力也被视为一种新型的人类能力，它汇集了与人们的私人生活和职业生活中使用数字技术相关的技能和能力。

7. P. High, "Assembling the Largest Intelligent Building Company in the World," Forbes, April 13, 2020, https://www.forbes.com/sites/peterhigh/2020/04/13/ assembling–the–largest–intelligent–building–company–in–the–world.

8. 例如，参见 J. Birkinshaw, "The New Boardroom Imperative: From Agility to Resilience," Forbes, March 28, 2020, https://www.forbes.com/sites/lbsbusiness strategyreview/2020/03/28/the–new–boardroom–imperative–from–agility–to–resilience/; D. Simchi–Levi and E. Simchi–Levi, "Building Resilient Supply Chains Won't Be Easy," Harvard Business Review, June 23, 2020, https://hbr.org/2020/06/building–resilient–supply–chains–wont–be–easy ; K. Alicke, E. Barrriball, S. Lund, and D. Swan, "Is Your Supply Chain Risk Blind—or Risk Resilient?," McKinsey & Company, May 14, 2020, https://www.mckinsey.com/business–functions/operations/our–insights/is–your–supply–chain–risk–blind–or–risk–resilient#.

9. 关于组织复原力的研究非常丰富。关于这项研究的最新评论，参见 T. A. Williams, D. A. Gruber, K. M. Sutcliffe, D. A. Shepherd, and E. Y.

Zhao, "Organizational Response to Adversity: Fusing Crisis Management and Resilience Research Streams," Academy of Management Annals 11, no. 2 (2017): 733–769; M. K. Linnenluecke, "Resilience in Business and Management Research: A Review of Influential Publications and a Research Agenda," International Journal of Management Reviews 19 (2017): 4–30; S. Duchek, "Organizational Resilience: A Capability–Based Conceptualization," Business Research 13 (2020): 215–246; C. A. Lengnick–Hall, T. E. Beck, and M. L. Lengnick–Hall, "Developing a Capacity for Organizational Resilience through Strategic Human Resource Management," Human Resource Management Review 21, no. 3 (2011): 243–255.

10. 更多关于组织复原力的过程性观点，参见 S. Duchek, "Organizational Resilience."

11. 例如，参见 J. M. Kaplan, T. Bailey, D. O'Halloran, A. Marcus, and C. Rezek, Beyond Cybersecurity: Protecting Your Digital Business (Hoboken, NJ: John Wiley & Sons, 2015).

12. 2020 年 5 月萨迪什·南比桑进行的访谈。

# 致　谢

　　这本书起源于我们二人——萨迪什和亚东，在国际管理学会年会的一次会议上进行的一场漫长而有趣的谈话。我们发现，我们俩对全球化和去全球化力量所形成的新兴复杂国际商业格局，以及数字技术在帮助公司驾驭这种格局方面可能发挥的作用方面，有着浓厚的兴趣。

　　对我们来说，研究这一现象和撰写这本书是一项充满爱和快乐的工作，但在此期间，我们也从学术界和产业界的很多人那里得到了慷慨的鼓励和宝贵的支持，我们对他们深表感谢。尤其值得一提的是，在与以下人士的交谈中，我们受益匪浅；他们每个人都慷慨地奉献了自己的时间，并在广泛的相关话题上分享了他们的宝贵洞见：扎维德·阿赫塔尔，B. P. 比达帕［B. P. Biddappa，又名迪内希（Dinesh)］，哈里什·比约尔（Harish Bijoor），尤尔根·布洛克（Jurgen Brock），迈克·费舍尔，尼廷·马诺哈兰，D. 纳拉因（D. Narain），比乔伊·萨加尔，西瓦·西瓦库玛，斯坦·斯塔努纳森，哈里特·塔尔瓦，迪普·托马斯，希曼舒·瓦尔丹和杰伦·韦尔斯。萨迪什要特别感谢迪内希（他以前的同学）和斯坦，感谢他们在职责范围之外，为他牵线搭桥，联系了他们在联合利华的一些同事。此外，还有很多人对我们早期的理念进行了批评，帮助我们厘清了思路，我们对此感激不尽。

我们要感谢联合利华的首席数字和营销官康妮·布拉姆斯，感谢她百忙之中抽空为本书撰写前言。她在联合利华担任首席数字和营销官，致力于打造适应未来的数字化跨国公司，她的经历反映并凸显出我们在这一话题上的很多思考。因此，我们由衷地感谢康妮对本书所阐述观点的支持。

在学术领域，我们要感谢我们的挚友和同事夏克尔·扎哈拉（Shaker Zahra）；大概五年前，他介绍我们俩认识，还与我们一起撰写了一篇研究论文。我们还要感谢三位匿名审稿人对本书的初稿提出的宝贵意见和建议。

萨迪什想对乔·吉时利（Joe Keithley）表示深深的谢意，感谢他所提供的凯斯西储大学的教职，并且以不同的方式支持萨迪什的工作。自萨迪什进入凯斯西储大学以来，乔一直是位值得信赖的朋友。萨迪什珍视多年来与乔的无数次交谈，也感激他经常到萨迪什的新产品开发课上去。

萨迪什同时感谢他的朋友兼同事，凯斯西储大学的系主任卡勒·吕提南（Kalle Lyytinen）。在萨迪什进入凯斯西储大学后不久，他问："你打算什么时候写下一本书？"这一问话可能无意中启动了本书。在他的其他研究项目中，尤其是在数字创新领域，卡勒一直是一位出色的合著者。

我们要感谢《麻省理工学院斯隆管理评论》的主编保罗·米歇尔曼（Paul Michelman）和麻省理工学院出版社的编

辑艾米莉·泰伯（Emily Taber），感谢她充分相信我们对这本书的早期理念，使我们得以开启本书的写作之旅。在本项目中，艾米莉确确实实是我们的好搭档。她耐心读完我们交给她的大量稿件，并给我们提出了极其宝贵的意见。在帮助我们进一步完善的过程中，她始终谨慎地保留住我们的理念和观点。我们还要感激凯瑟琳·卡鲁索（Kathleen Caruso）和麻省理工学院出版社团队的其他人，感谢他们的辛勤投入和热情支持。特别感谢我们优秀的文字编辑梅琳达·兰金（Melinda Rankin），感谢她为提高我们写作的清晰度所做的深入且细致的工作。同样，也要向《麻省理工学院斯隆管理评论》的伊丽莎白·海克勒（Elizabeth Heichler）表示谢意，感谢她对我们理念的支持和鼓励。

最后，我们两个人要感谢我们的家人，感谢他们在我们研究和撰写本书的过程中给予我们的支持。萨迪什想向他的妻子普丽娅表示深深的感谢，感谢她在本书的写作过程中，不断鼓励和全力支持他。萨迪什也很感激他那对 11 岁的双胞胎儿子阿肖克和巴拉特，感谢他们给他的生活带来巨大的喜悦和欢乐。谨以此书献给他们。